GRANDI IDEE PER PICCOLI SPAZI

Manuale pratico di interior design per arredare con funzionalità e stile ambienti di dimensioni ridotte

Roberta Bianchi

INDICE

PREMESSA 5

L'EVOLUZIONE DEGLI SPAZI ABITATIVI 6

L'ARTE DI VIVERE IN PICCOLI SPAZI 9

Riduzione dello stress 9

Creatività ed elevazione 10

Risparmio economico 11

Il valore della sostenibilità 11

Vantaggi sociali e macroeconomici 13

L'OBIETTIVO È OTTIMIZZARE 15

Concetti estremi 15

Metrature familiari 16

L'importanza della percezione 17

LE CHIAVI DEL SUCCESSO PER ARREDARE SPAZI RIDOTTI 19

Il design: un'intenzione attiva 19

Il decluttering sempre e comunque 21

Il processo di design fase per fase 24

Definire l'obiettivo 24

Stabilire requisiti, priorità e budget 24

Definire il concept 25

Redigere il floorplan 27

Scegliere le finiture, i mobili, gli accessori 29

L'attuazione del progetto 29

PROGETTARE AL MEGLIO GLI SPAZI RIDOTTI FASE PER FASE 30

Obiettivi: non limitare l'immaginazione 30

Requisiti, priorità, budget: chiarezza 31

Requisiti e desideri 31

Budget 33

Concept: razionalità e fantasia 33

Floorplan: modellare per zona 41

Conoscere l'area disponibile 42

Dividere in zone 42

Definire gli impianti 43

Impostare partizioni   44

Sfruttare gli spazi verticali   45

Immaginare flussi e movimenti   47

Notare e sfruttare gli spazi nascosti   47

Scelta delle finiture: parola chiave illusione   48

L'Illuminazione giusta   48

Verticalità accentuata   49

Colori   51

Texture per ampliare lo spazio   53

Utilizzare carte da parati per ampliare la percezione   54

Scelta dei mobili: multifunzionalità al primo posto   59

Mobili multifunzionali ogni volta possibile   60

Mobili divisori   61

Soluzioni di stoccaggio   62

Mobili flessibili e facilmente spostabili   63

Mobili su misura   64

Mobili a scomparsa: risparmio di spazio al massimo   65

Mobili di supporto alla funzionalità   67

Raccomandazioni finali sulla scelta dei mobili   67

Decorazione: personalizzare senza sovraccarico   68

Oggetti decorativi, senza esagerare   68

Accessori del giusto colore   68

Accessori tessili poco ingombranti   68

Accessori come punto focale e per la verticalità   69

Accessori illuminanti   70

Accessori vitali   70

Contenitori chiusi   71

Ingresso ordinato   71

Coesione tra gli arredi   72

Attuazione del progetto: margini di errore al minimo   72

VIVERE CREATIVAMENTE IN PICCOLI SPAZI   75

Monolocali   75

Più locali   76

Balconi e terrazzi   76

PICCOLI SPAZI, GRANDI SOLUZIONI: STORIE DI INTERIOR DESIGN   80

L'appartamento di Zelda, un porto sicuro | Monolocale di 28 mq sul mare   80

La base di Lucas, l'essenziale proiettato verso la luce | Monolocale di 20 mq in centro città   85

Tessa e Diletta, appartamento in condivisione per due sorelle lavoratrici | Bilocale condiviso di 40 mq in città   91

Il nido di Mara, creatività abitativa controcorrente | monolocale di 25 mq   98

Clara e Paolo, una vita insieme | Monolocale di 38 mq   101

Diego e Sasha, giovane coppia di professionisti | Monolocale di 42 mq   104

La famiglia Nari, tre figli e molti amici | Trilocale di 60 mq   107

CONCLUSIONE   110

PREMESSA

Questo è un manuale pratico di interior design per aiutarti a trasformare un ambiente di dimensioni ridotte in uno spazio funzionale, confortevole e di stile.

Attraverso semplici accorgimenti, anche uno spazio di piccola metratura può diventare un luogo estremamente accogliente e piacevole.

Ti guiderò passo dopo passo nella trasformazione di una casa di pochi metri quadrati nel luogo più adatto a te, senza rinunciare all'estetica e alla comodità.

L'EVOLUZIONE DEGLI SPAZI ABITATIVI

Non è un segreto che negli ultimi decenni il mercato immobiliare sia cambiato profondamente, vedendo un forte aumento dei prezzi delle proprietà e una riduzione delle dimensioni medie delle abitazioni, soprattutto nelle aree urbane. Nelle metropoli del mondo, in primo luogo, la domanda di abitazioni supera di gran lunga l'offerta, alimentando un aumento continuo dei prezzi al metro quadro. Come risposta all'aumento dei prezzi, le dimensioni medie delle case nelle aree urbane sono progressivamente diminuite. Le normative nazionali hanno, in alcuni casi come quello dell'Italia, definito la dimensione minima delle abitazioni, specificando anche la superficie minima delle stanze a seconda dell'uso; altre normative non hanno fornito dimensioni minime, così da generare in taluni casi situazioni paradossali con appartamenti anche di pochissimi metri quadrati.

In Italia, i prezzi medi degli immobili nelle città hanno subito un aumento significativo. Tra il 2015 e il 2024, si è registrato un incremento medio del 25% del costo al metro quadrato, che si traduce in un rincaro di circa 500€. Questo aumento è particolarmente evidente nelle città più grandi e nelle zone centrali, dove la competizione per lo spazio è più intensa. A Milano, ad esempio, i prezzi al metro quadro per alloggi di ogni tipo hanno determinato record su record, anche fuori dalle aree centrali, rendendo l'acquisto di una casa inaccessibile per molte famiglie e single, con una situazione particolarmente critica per soggetti senza reddito come gli studenti. Conseguentemente, in Italia, la superficie media delle abitazioni è diminuita sostanzialmente nel corso degli ultimi due decenni. Nel 2000, la casa media aveva una superficie di circa 110 mq, mentre nel 2020 questa cifra è scesa a 95 mq. La riduzione è ancora più marcata nelle grandi città come Milano e Roma, dove la metratura media scende spesso sotto gli 80 mq. Ancora più marcato è il calo dimensionale degli appartamenti per coppie o single, con un aumento enorme dei monolocali nelle aree urbane. La situazione è particolarmente critica, per chi cerca alloggio, a Milano e Roma, accentuato dalla difficoltà di permettersi un alloggio ampio in una situazione di prezzi in aumento e stipendi stagnanti o difficoltà di stabilizzare il proprio impiego.

New York detiene il primato di essere una delle città più care al mondo. Nel 2010, il prezzo medio di vendita era di circa $1.500 per piede quadrato (più di $16.000 al metro quadro), mentre nel 2020 è salito a $2.000 per piede quadrato ($21.500 al metro quadro). In alcune zone esclusive di Manhattan, come Tribeca e Central Park, i prezzi raggiungono anche i $3.000 per piede quadrato ($32.000 al metro quadro. Questo rende New York una delle città più difficili in cui acquistare una casa, con il risultato che sempre più persone sono costrette a cercare soluzioni abitative in aree periferiche o a ridurre drasticamente le loro aspettative in termini di spazio. Celebri sono i monolocali newyorkesi per single che misurano solo 6,5 metri quadri. Per contro, nella grande mela, gli appartamenti con due camere da letto, che offrono un po' più di comfort, sono spesso chiamati a soddisfare le esigenze anche di famiglie numerose.

La situazione non è molto diversa a Londra o a Parigi. Queste due capitali sono da tempo tra i mercati immobiliari più costosi del mondo, e l'aumento dei prezzi riflette la continua domanda di immobili, alimentata sia dalla popolazione locale che dagli investitori internazionali. Il risultato è una città dove trovare un'abitazione spaziosa e a prezzi accessibili diventa sempre più difficile, costringendo molte persone a scegliere case più piccole o ad allontanarsi dai quartieri centrali.

In termini di mini-appartamenti, anche Tokyo è una fuoriclasse. La capitale giapponese è famosa per le sue case di piccole dimensioni, con una superficie media di circa 60 mq per appartamenti familiari. Nelle zone centrali, è normale per persone che vivono da sole avere un appartamento intorno ai 16 metri quadrati. Tokyo rappresenta forse l'esempio più estremo di come la vita in spazi piccoli possa diventare la norma, spingendo i designer a sviluppare arredi multifunzionali e soluzioni innovative per gestire lo spazio limitato.

In linea con quest'ultima affermazione e alla luce di tutti i dati appena presentati, l'importanza dell'interior design per spazi piccoli diventa evidente. Con la riduzione della superficie abitativa media, la capacità di ottimizzare l'utilizzo degli spazi diventa cruciale per garantire una buona qualità della vita. Non si tratta solo di posizionare gli oggetti necessari, ma di trovare soluzioni pratiche e funzionali che permettano di vivere comodamente anche in ambienti ridotti, senza rinunciare al proprio gusto, alla propria personalità e al proprio stile.

L'ARTE DI VIVERE IN PICCOLI SPAZI

La necessità non è però l'unico elemento che spinge le persone a vivere in spazi confinati. In un mondo sempre più caotico e complesso, c'è un grande numero di persone che cerca proprio questo tipo di soluzione, innescando scelte personali che portano con sé svariati benefici. In particolare, il minimalismo è una corrente che promuove la riduzione del superfluo, sia negli oggetti materiali che negli impegni e nelle preoccupazioni della vita quotidiana per concentrarsi su ciò che realmente conta: per molte persone, abitare in spazi piccoli è l'immediata conseguenza della scelta di aderire a questa filosofia. Non occorre, in ogni caso, dichiararsi minimalisti per scegliere di godere di tutti i vantaggi che una abitazione di piccole dimensioni porta con sé.

Riduzione dello stress

Scegliere di vivere in spazi limitati può essere una strategia efficace per ridurre lo stress e ottenere un significativo benessere in un'epoca caratterizzata da ritmi frenetici, specialmente nelle grandi città, che spesso generano ansia e stanchezza. Un piccolo spazio, ben organizzato e funzionale, può diventare un rifugio sicuro, lontano da tensioni aggiuntive.

Abitare in una casa di dimensioni contenute comporta innanzitutto una riduzione delle strutture hardware—come impianti, macchinari e sistemi soggetti a malfunzionamenti—e una diminuzione degli ambienti da mantenere, come garage e giardini. Ciò significa anche meno mobili soggetti a usura e un numero inferiore di oggetti da gestire. È stato dimostrato che un eccesso di oggetti può generare ansia e stress, anche in assenza di disordine. In sintesi, una casa piccola implica meno manutenzione, meno tempo dedicato alle pulizie e meno sforzi per riparare ciò che si rompe. Vivere in spazi ridotti abbassa immediatamente il livello di stress.

Inoltre, un numero limitato di oggetti e uno spazio contenuto contribuiscono a mantenere l'ordine. In un ambiente ristretto, il disordine diventa impossibile: la necessità di ordine diventa una costante. Con meno oggetti in giro, la mente si libera, potendo concentrarsi su ciò che è davvero importante, senza distrazioni visive. Questa esigenza di organizzazione stimola una disciplina positiva per chi vive in spazi ridotti, prevenendo automaticamente la formazione di situazioni disordinate. Le ricadute di questa scelta si riflettono positivamente in diversi ambiti della vita dell'inquilino, incluso quello lavorativo.

Creatività ed elevazione

Vivere in un piccolo spazio richiede una certa dose di creatività e ingegno per sfruttare al meglio ogni metro quadrato. Ciò stimola a pensare in modo efficiente e innovativo, sviluppando soluzioni pratiche per ottimizzare lo spazio disponibile. L'uso di mobili multifunzionali, la progettazione intelligente degli ambienti e la capacità di adattarsi a situazioni diverse diventano abilità fondamentali. Questa esperienza può favorire una crescita personale, portando a una maggiore capacità di problem-solving e a un approccio più flessibile e creativo nella vita quotidiana.

Ma non è finita: vivere in piccoli spazi spesso porta anche a un cambiamento nel ritmo quotidiano. La mancanza di spazio impone di ridurre il numero di attività e impegni a casa propria e ad aumentare – se lo si desidera – le attività fuori casa. Nel primo caso, saremo portati a uno stile di vita più lento e consapevole, più libero da impegni e più rivolto a noi stessi, liberandoci dalla trappola di una routine sovraccarica. Nel secondo caso, ci porterà a sviluppare connessione con l'ambiente esterno, sia a livello spaziale che emotivo. Molte persone che scelgono di vivere in piccoli spazi tendono a trascorrere più tempo fuori casa, esplorando la città, godendo dei parchi o frequentando luoghi di ritrovo sociale. Questo crea una connessione più forte con l'ambiente circostante e con la comunità, contribuendo a una vita più attiva e socialmente ricca. Eliminare spazi, strutture, stanze, oggetti dalla propria vita, significa inoltre imparare a rinunciare, elevare il proprio spirito e prepararsi a vivere più coscientemente la propria vita.

Risparmio economico

Tornando con i piedi per terra dall'elevazione spirituale, è innegabile che uno spazio ridotto porti con sé anche notevoli risparmi economici nel quotidiano: oltre al risparmio nell'acquisto o nell'affitto dello spazio, anche le necessità economiche per gli arredi e gli oggetti calano di conseguenza. Ogni cosa avrà uno scopo preciso. In un piccolo spazio, questo principio si traduce nell'acquistare solo ciò che serve veramente e nel valorizzare ogni oggetto per la sua funzionalità. Per contro, il risparmio ottenuto potrà essere riversato nell'acquisto di mobili e oggetti durevoli e di più elevata qualità. Le abitazioni di dimensioni ridotte richiedono inoltre meno costi di manutenzione e comportano bollette energetiche più basse.

Abitare in piccoli spazi offre una maggiore flessibilità e mobilità. Con meno oggetti e una casa più semplice da gestire, è più facile cambiare residenza o viaggiare. Questo stile di vita può essere particolarmente attraente per coloro che desiderano esplorare nuove opportunità lavorative o vivere in diverse città o paesi senza essere legati a una casa grande e difficile da gestire.

Vivere in un piccolo spazio porta spesso a una riduzione del consumo di beni materiali e a un maggior investimento in esperienze. Viaggi, attività culturali, corsi e altre esperienze arricchenti diventano più accessibili quando si spende meno per la casa e gli oggetti di consumo. Questo non solo migliora la qualità della vita, ma contribuisce anche a una crescita personale e a una maggiore soddisfazione a lungo termine.

Il valore della sostenibilità

Un altro motivo che spinge molte persone a scegliere di vivere in piccoli spazi è il desidero di ridurre il proprio impatto sul pianeta. Ridurre l'impronta ecologica è una priorità crescente per chi è consapevole dell'impatto ambientale delle proprie scelte. Ci sono sempre più persone disposte a compiere scelte drastiche per la salvaguardia del pianeta e la scelta di vivere in case più piccole è certamente una di queste scelte.

Come accennato, le case più piccole consumano meno energia per il riscaldamento, il raffreddamento e l'illuminazione, riducendo il consumo di risorse naturali. Inoltre, acquistare meno oggetti riduce la produzione di rifiuti e la domanda di prodotti che potrebbero contribuire all'inquinamento e alla deforestazione.

Vivere in un piccolo spazio incoraggia un approccio più consapevole al consumo. Con meno spazio per accumulare oggetti, si tende a comprare meno e a evitare gli acquisti impulsivi. Questo comporta una riduzione significativa dei rifiuti, sia in termini di imballaggi che di prodotti a breve termine. Inoltre, molte persone che scelgono di abitare in piccoli spazi adottano una mentalità orientata alla sostenibilità, optando per prodotti di qualità e durevoli che non necessitano di frequenti sostituzioni.

Come abbiamo visto, la scelta di vivere in un piccolo spazio spesso si accompagna a un approccio più consapevole agli acquisti e quindi ai consumi: anziché acquistare per accumulare, si tende a scegliere con cura prodotti di qualità che durano nel tempo ed esattamente i prodotti che servono. Questa pratica riduce la necessità di sostituirli frequentemente, promuovendo una mentalità più sostenibile e rispettosa dell'ambiente.

Non è finita: vivere in piccoli spazi incoraggia a ridurre gli sprechi. Con meno spazio disponibile, si è costretti a pianificare meglio le proprie necessità, evitando acquisti impulsivi o inutili. Questo si riflette non solo sugli oggetti materiali, ma anche sul cibo e sulle risorse domestiche, contribuendo a una riduzione complessiva degli sprechi.

Le nuove abitazioni di piccole dimensioni richiedono meno materiali per la loro costruzione e occupano meno spazio sul territorio. Questo riduce l'impatto ecologico della costruzione, contribuendo a preservare le aree verdi e a limitare l'espansione urbana. Inoltre, le piccole case e gli appartamenti possono essere progettati in modo da minimizzare l'impatto ambientale, utilizzando materiali ecologici, tecnologie energeticamente efficienti e sistemi di gestione delle risorse idriche più sostenibili.

Le persone che vivono in spazi piccoli spesso adottano stili di vita più sostenibili in generale. L'attenzione alla riduzione del consumo di energia e acqua, alla scelta di prodotti ecologici e alla limitazione degli sprechi si estende spesso ad altre aree della vita, come l'uso di mezzi di trasporto più sostenibili, il riciclo e il compostaggio, e l'adozione di una dieta più consapevole. Questo approccio alla vita quotidiana contribuisce a creare un impatto positivo sull'ambiente e a promuovere una cultura della sostenibilità.

Vantaggi sociali e macroeconomici

A livello sociale e macroeconomico, vivere in spazi piccoli può rendere l'abitazione più accessibile a una più ampia gamma di persone, contribuendo a ridurre le disuguaglianze sociali. Le case di dimensioni ridotte sono generalmente più economiche e possono rappresentare un'opzione abitativa valida per single, giovani coppie, anziani o persone con redditi limitati. Questo contribuisce a creare comunità più inclusive, dove le persone di diverse fasce di reddito possono vivere vicino e interagire, favorendo la coesione sociale.

Nelle aree urbane, la scelta di vivere in piccoli spazi può incentivare l'uso di spazi comuni e la partecipazione a attività collettive. Le persone che vivono in appartamenti piccoli sono più propense a utilizzare parchi, piazze e spazi pubblici, creando un maggiore senso di comunità e condivisione. Questo tipo di interazione sociale promuove la collaborazione e la solidarietà, rafforzando il tessuto sociale della comunità.

L'aumento della domanda di piccoli appartamenti ha portato alla riqualificazione di molti spazi urbani, trasformando edifici dismessi o sottoutilizzati in nuove abitazioni. Questo processo non solo migliora l'aspetto delle città, ma contribuisce anche a ridurre il degrado urbano e a rivitalizzare i quartieri. Le nuove abitazioni spesso si integrano con infrastrutture verdi e spazi pubblici, migliorando la qualità della vita urbana per tutti gli abitanti.

Le persone che vivono in piccoli spazi, soprattutto nelle aree urbane, sono spesso più vicine ai servizi essenziali e ai luoghi di lavoro, riducendo la necessità di lunghi spostamenti in auto. Questo promuove l'uso di mezzi di trasporto sostenibili, come il trasporto pubblico, la bicicletta o il camminare a piedi. Ridurre la dipendenza dall'auto contribuisce a diminuire l'inquinamento atmosferico, a ridurre il traffico e a migliorare la salute pubblica.

Per coloro che scelgono consapevolmente di vivere in spazi ridotti, l'interior design non è solo una questione estetica, ma diventa un elemento centrale per il benessere. Un design ben pensato può trasformare un piccolo appartamento in un'oasi di pace e serenità, dove ogni elemento è studiato per favorire la tranquillità e il comfort.

L'OBIETTIVO È OTTIMIZZARE

Concetti estremi

Chiunque sia nato prima del 1980 ha ben presente l'iconica scena del film "Il ragazzo di campagna" in cui Renato Pozzetto, trasferitosi in città, è costretto a vivere in un appartamento minuscolo che scambia inizialmente per un ingresso. In uno spazio grigio e senza finestre, che sembra non andare oltre i 6 metri quadri, c'è tutto ciò che apparentemente serve per vivere: una zona cucina, un bagno con microdoccia, una zona relax, un tavolo con sedie e addirittura un telefono (un lusso per l'epoca). Ogni ambiente è a scomparsa: si presenta e si nasconde attraverso pratiche porte scorrevoli. Il prezzo è esorbitante.

Si tratta evidentemente di una paura portata all'estremo e al paradosso; su questo è costruito l'umorismo della scena. Ciò che colpisce, a ben guardare, non è infatti la limitatezza degli spazi bensì la totale mancanza di umanità e personalizzazione in quell'ambiente freddo, chiuso e asettico. In sé l'utilizzo degli spazi è perfetto: porta all'estremo i concetti di multifunzionalità e modularità così importanti nell'arredo di spazi limitati. Ma manca totalmente della ricerca di benessere e della possibilità di personalizzazione, elementi altrettanto importanti e sui quali possiamo invece agire in profondità per rendere anche un ambiente piccolo un luogo piacevole e confortevole. Le soluzioni non mancano e il terreno è tutto da esplorare.

Vivere in una casa piccola può essere piacevole quanto abitare in una più grande, i continui aumenti di spazio potrebbero diventare infatti non solo inutili, ma anche dispendiosi. È da valorizzare anche la sensazione di raccoglimento di un piccolo ambiente: è bello avere tutto lo spazio intorno a sé.

L'estetica minimalista, in particolare, si basa sulla semplicità e sulla bellezza intrinseca delle forme pulite e dei materiali naturali. Legno, pietra, tessuti naturali e colori neutri contribuiscono a creare un ambiente armonioso e rilassante. La mancanza di decorazioni ricche e di colori accesi aiuta a mantenere un senso di calma, favorendo la concentrazione e la serenità. In un piccolo spazio, finestre grandi, tende leggere e specchi che riflettono la luce possono fare miracoli nel creare un ambiente più ampio e accogliente. Anche l'illuminazione artificiale, con lampade dal design intrigante e luci soffuse, può contribuire a creare un'atmosfera rilassante e intima.

Infine, un aspetto fondamentale per chi vive in piccoli spazi è la personalizzazione. Anche se lo spazio è limitato, è importante che rispecchi la personalità e i gusti di chi ci abita. Questo non significa riempirlo di oggetti, ma piuttosto scegliere con cura pochi elementi significativi, come una fotografia, un'opera d'arte o un oggetto di design, che aggiungano carattere senza appesantire l'ambiente.

Gli arredi multifunzionali, come i letti che si trasformano in divani o i tavoli pieghevoli, sono un perfetto esempio di come il design minimalista possa rispondere a questa esigenza.

La casa diventa così un luogo essenziale, libero dal caos e dalla confusione, dove ogni elemento ha un ruolo preciso e contribuisce al benessere di chi ci vive.

Metrature familiari

Vivere in monolocali o comunque in piccoli appartamenti dove la divisione tra stanze non è netta, non è percorribile per tutti, in particolare per le famiglie con bambini. Una separazione tra camera da letto, cucina, soggiorno e sala da pranzo hanno dei vantaggi che si rafforzano al crescere del numero delle persone.

Tuttavia, appartamenti con spazi ridotti possono rappresentare una lezione importante, e dimostrare che la maggior parte delle persone può vivere con molto meno di ciò che spesso consideriamo standard. È spesso questione di tradizione o di abitudine mentale pensare che si debba possedere una stanza per ogni cosa quando, in realtà, se le due funzioni non si svolgono nello stesso momento, una stanza è sufficiente. Per esempio, una sala da pranzo può senza dubbio essere un luogo di lavoro funzionale per un freelance o un remote worker poiché una cena tra amici non si svolgerà mai nel momento in cui il padrone di casa lavorerà. Ed ecco che abbiamo identificato due funzioni in grado di riunire due stanze in una.

L'importanza della percezione

Quando si vive in un appartamento piccolo, ogni centimetro conta. Ma lo spazio fisico non è il solo elemento che permette di creare un appartamento funzionale e confortevole. L'illusione gioca un grande ruolo.

A differenza di chi vive in una casa singola o in un appartamento grande, senza dubbio, non puoi permetterti di sprecare spazio. Devi fare attenzione a non riempire le stanze lasciando inutilizzati spazi che potrebbero avere una funzionalità e sfruttare al meglio tutto il potenziale a disposizione.

Oltre lo spazio, però, ci sono molti altri elementi che giocano sulla percezione dell'ambiente e che possono cambiare drasticamente le sorti di un piccolo appartamento o di una piccola casa. Uno di essi è la luce naturale. Anche questa, come lo spazio, è una risorsa data e il suo corretto sfruttamento gioca un ruolo cruciale. Quando si disegna un appartamento piccolo è fondamentale sfruttarla il più possibile, senza oscurare le finestre e utilizzando tessili scelti con cura e, quando possibile, optando per soluzioni che filtrino la luce senza bloccarla completamente. Anche la disposizione degli arredi deve essere studiata per non ostacolare la penetrazione della luce.

A livello di percezione, invece, le possibilità di azione sono pressoché infinite: l'organizzazione razionale degli spazi e dei mobili, la scelta dei colori, dei tessili, delle finiture giocano un ruolo assolutamente primario per creare comfort negli spazi ridotti.

Si può dire che la risorsa più importante sia la creatività. Posizionare uno specchio davanti a una fonte di luce naturale raddoppierà quella presente nella stanza, un letto a soppalco creerà una stanza dove prima non c'era, una separazione in vetro porterà luce dove prima non poteva arrivare. I mobili multifunzionali potranno servire a più scopi a parità di spazio occupato. Ad esempio, un pouf con ripostiglio può fungere da seduta extra e da contenitore per cuscini e coperte, un tavolino pieghevole può essere facilmente riposto quando non viene utilizzato per liberare spazio, una scrivania si potrà trasformare in letto quando arriva un ospite.

Nei prossimi capitoli troverai una metodologia precisa e molti consigli pratici e casi reali per ottimizzare il tuo spazio. Dalle soluzioni di archiviazione più funzionali agli arredi più versatili, dalle idee per sfruttare la luce naturale ai trucchi per creare l'illusione dello spazio e la certezza del comfort. L'interior design, anche se applicato a spazi ridotti, è una disciplina che prevede step precisi e imprescindibili. Anche se lo spazio che hai a disposizione è piccolo, il metodo tipico dei progetti di interior design, unito agli accorgimenti specifici per gli ambienti ridotti, porterà a ottimi risultati.

LE CHIAVI DEL SUCCESSO PER ARREDARE SPAZI RIDOTTI

Ci sono tre elementi che accomunano tutti i progetti di interior design per spazi ridotti. È importante interiorizzarli prima di procedere.

Il design: un'intenzione attiva

Il primo concetto è comune a tutti i progetti di interior design, indipendentemente dalle dimensioni dello spazio. Si tratta dell'intenzionalità della progettazione: è essenziale che un ambiente arredato rifletta uno scopo. Ogni scelta nell'organizzazione e nel design dello spazio deve essere intenzionale, contribuendo a creare un ambiente che abbia significato e valore nella vita quotidiana. Questo approccio garantisce che il progetto non sia fine a se stesso, ma che svolga un ruolo attivo nel favorire il benessere e la realizzazione personale all'interno della propria casa.

Avere uno spazio che ci piace, dove ci sentiamo a nostro agio e che facilita le attività che amiamo, che si tratti di coltivare un hobby o accogliere amici, è fondamentale. Questa intenzionalità include anche il desiderio di trovare un equilibrio e la consapevolezza che l'ambiente deve adattarsi ai cambiamenti che attraversiamo. Il concetto di adattabilità diventa quindi parte integrante del design. Entrando in uno spazio ben progettato, chiunque comprende molto di chi lo vive, riconoscendo non solo da dove viene, ma anche dove è diretto.

L'intenzionalità è uno degli aspetti più profondi e significativi di qualsiasi progetto di interior design. Non basta riempire uno spazio con mobili e decorazioni; ciò che veramente rende un ambiente speciale e funzionale è la presenza di un pensiero consapevole e di uno scopo chiaro dietro ogni scelta. Quando progettiamo un ambiente, dobbiamo chiederci non solo come vogliamo che appaia, ma anche come vogliamo che questo spazio influenzi la nostra vita quotidiana. Ogni oggetto, ogni colore e ogni disposizione deve contribuire attivamente al nostro benessere, aiutarci a sentirci realizzati e a vivere meglio.

Questa intenzionalità è ciò che dà senso al progetto e lo eleva a qualcosa di più di un semplice esercizio estetico. Un ambiente progettato con intenzionalità non è solo un luogo in cui vivere, ma diventa un rifugio, uno spazio che riflette chi siamo e ci aiuta a fare ciò che amiamo. Che si tratti di creare un angolo per i nostri hobby, di disporre un salotto accogliente per ospitare amici, o di organizzare lo spazio per renderlo più efficiente e funzionale, ogni decisione deve essere guidata da un obiettivo preciso. In questo modo, il nostro progetto non è mai fine a se stesso, ma diventa parte integrante della nostra vita, contribuendo attivamente alla nostra felicità e alla nostra realizzazione.

Inoltre, l'intenzionalità deve essere accompagnata dalla volontà di raggiungere un equilibrio. Un equilibrio tra bellezza e funzionalità, tra ordine e comfort, tra minimalismo e personalizzazione. Questo equilibrio è fondamentale per creare uno spazio armonioso, dove ogni elemento è al posto giusto e contribuisce al benessere complessivo. Non si tratta solo di bilanciare visivamente gli elementi, ma di creare un ambiente che ci faccia sentire a nostro agio e in sintonia con noi stessi. Un luogo dove tutto ha un senso e una ragione d'essere, e dove possiamo trovare la calma e l'ispirazione di cui abbiamo bisogno.

Infine, è essenziale considerare che l'intenzionalità non è statica, ma deve essere capace di evolvere insieme a noi. Le nostre esigenze, i nostri desideri e le nostre priorità cambiano nel tempo, e così dovrebbe fare anche il nostro spazio. Un progetto di interior design davvero riuscito è quello che prevede la possibilità di adattamenti futuri, che ci permette di riorganizzare e reinventare gli spazi in base a come cambia la nostra vita. Questo concetto di adattabilità è cruciale, soprattutto in spazi piccoli, dove la flessibilità diventa una necessità. L'intenzionalità, dunque, non è solo un'idea iniziale, ma un processo continuo, un dialogo costante tra noi e il nostro ambiente, che ci accompagna e si trasforma con noi nel tempo.

Il decluttering sempre e comunque

Aspetto molto importante dei progetti di design per spazi piccoli è la valutazione di ciò che si desidera portare con sé. Conseguentemente, prima ancora di definire lo stile, i colori o la disposizione dei mobili della nostra nuova casa, è essenziale liberarsi del superfluo ed essere consapevoli di ciò che si sceglie – attivamente – di conservare dopo il trasloco. Traslocare in una nuova casa (o riorganizzarla nel profondo) rappresenta l'inizio di una nuova vita, e con essa viene la necessità di riconsiderare cosa si desidera avere al proprio fianco per viverla.

Il trasloco o la riorganizzazione del tuo spazio prevedrà molto probabilmente l'eliminazione di alcuni dei tuoi oggetti. Se è una cosa che ti pesa, non temere: il risultato sarà quello di un ambiente (e un animo) molto più leggero. Il tuo ambiente cambierà completamente e non potrai che riconoscere la qualità di un lavoro ben fatto.

Il decluttering, ovvero l'eliminazione del superfluo, pratica spesso sottovalutata, è cruciale quando si tratta di arredare piccoli spazi. Vivere in una casa di dimensioni ridotte richiede un approccio consapevole e selettivo nei confronti degli oggetti che decidiamo di tenere con noi. E la riflessione va fatta all'inizio, per evitare di compiere scelte sbagliate e difficilmente reversibili.

La letteratura sul decluttering è vasta e io stessa ho dedicato all'argomento un intero libro. Tanti sono I benefici e, come nel design, ci sono degli step precisi da seguire. In ogni caso, il risultato sarà esaltante.

È anche possibile affrontare fisicamente il decluttering anche una volta che la nuova casa sarà arredata, ma è necessario che tu compia l'operazione mentale prima di arredarla. Il rischio, nel non farlo, è quello di progettare una casa compiendo scelte di arredo volte a trovare spazio, magari a sacrificio di altro, per ospitare un determinato numero di oggetti, per poi scoprire, una volta portati lì ed esaminati, che non li vuoi tenere. È possibile che le tue scelte di design siano poco o per nulla reversibili e che tu abbia sprecato spazio, oltre che soldi e tempo, per soluzioni a te inadatte.

Trasferirsi in una nuova abitazione, specialmente se più piccola, rappresenta un'opportunità per fare un bilancio della propria vita e incoraggia senza dubbio una riflessione. È un momento nel quale valutare cosa sia veramente essenziale e di cosa, invece, possiamo fare a meno. Ogni oggetto che decidiamo di mantenere dovrebbe avere un significato, uno scopo o una funzione chiara.

Un nuovo spazio, per quanto ridotto, offre la possibilità di ricominciare, di creare un ambiente che rifletta davvero chi siamo e cosa è importante per noi. In questo contesto, liberarsi del superfluo non è solo una questione di necessità pratica, ma anche un atto simbolico di semplificazione e di chiarezza mentale.

In piccoli spazi, il decluttering diventa più di una scelta: è una necessità. L'accumulo di oggetti può rapidamente trasformare uno spazio abitativo confortevole in un ambiente caotico e disordinato. Ogni metro quadrato conta, e ogni oggetto inutile occupa prezioso spazio che potrebbe essere utilizzato in modo più efficiente. Per questo motivo, prima di qualsiasi intervento di design, è fondamentale ridurre il numero di oggetti al minimo indispensabile.

Quando si affronta il decluttering, è utile porsi alcune domande chiave:

- Questo oggetto ha un'utilità concreta nella mia vita quotidiana?
- Ha un valore sentimentale che non può essere sostituito?
- Mi porta gioia o mi trattiene in un passato che non mi rappresenta più?
- Potrei sostituirlo con qualcosa di più pratico o di dimensioni ridotte?

Rispondere onestamente a queste domande aiuta a selezionare cosa merita davvero di essere mantenuto nel nuovo spazio abitativo. Inoltre, il decluttering non deve essere visto come un processo doloroso o stressante, ma come un'opportunità per alleggerirsi e vivere in modo più consapevole.

Senza avere la pretesa di analizzare con la sufficiente profondità un processo complesso come il decluttering, ecco alcune fasi per affrontarlo al meglio:

1. Suddividi i tuoi oggetti in categorie: Identifica le categorie principali dei tuoi oggetti (vestiti, libri, utensili, ecc.);

2. Esamina una categoria alla volta: inizia dalle categorie di oggetto per te più facili, ovvero quelle con il minore carico emotivo (ad esempio, inizia con gli utensili della cucina o del bagno e termina con i ricordi personali).

3. Elimina ciò che non ti serve più o ti dà gioia: per ogni categoria, conserva solo ciò che ti serve davvero o che ti dà ancora gioia, eliminando oggetti rotti, incompleti o semplicemente emotivamente pesanti.

4. Quando puoi, dona o ricicla ciò che hai eliminato. Questo passaggio facilita il distacco e aggiunge un elemento positivo al processo di decluttering.

Il decluttering è il primo passo verso la creazione di un ambiente abitativo che sia non solo funzionale, ma anche armonioso e in linea con la tua visione di vita. Una volta che avrai fatto spazio al nuovo, potrai iniziare a progettare il design del tuo piccolo spazio con energia e determinazione, sapendo che ogni oggetto che hai scelto di tenere con te ha un ruolo preciso nella tua casa e nella tua vita.

Ora che ti sei liberato, anche solo mentalmente, di una parte dei tuoi oggetti o hai preso la decisione che non li porterai con te nella nuova casa, fatti le congratulazioni: hai semplificato e non di poco il tuo compito, ovvero quello di trovare un posto per ogni cosa là dove lo spazio è limitato. Per di più, senza dubbio hai deciso di lasciare andare quelli che era più semplice per te abbandonare ma anche quelli che rappresentavano un peso del tuo passato: il resto della tua vita sarà quindi più funzionale e più leggero.

Il processo di design fase per fase

Anche se per spazi ridotti, un progetto di interior design è un progetto di interior design. È dunque chiamato a seguire una serie di step per avere successo. È utile analizzare passo per passo queste fasi, per poi connotarle, successivamente, nell'ottica di un piccolo spazio.

Definire l'obiettivo

Ogni processo di interior design si apre con la definizione chiara di ciò che si desidera ottenere. Deve essere dunque chiaro l'obiettivo del progetto, ovvero predisporre un ambiente in linea con i desideri di chi lo deve abitare. Tipicamente l'obiettivo è creare un ambiente funzionale e confortevole, ma in taluni casi l'idea di fondo potrebbe essere diversa, come ad esempio creare un ambiente elettrizzante, energetico o romantico, un crocevia delle persone della famiglia, il centro nevralgico per le attività di studio, una base d'appoggio in una città non propria. Dovrai chiederti: cosa voglio ottenere dal mio spazio? Cosa deve essere la mia casa per me? Desidero che sia il rifugio rilassante per una vita piena di impegni? Che sia il luogo dove dare sfogo alla mia passione per la cucina? Che sia un ottimale punto di ritrovo per i miei amici e la mia famiglia? Esprimere con chiarezza l'obiettivo del progetto aiuterà tutte le persone coinvolte – anche solo il proprietario stesso – ad agire al meglio nel proprio interesse in ogni fase del progetto. Naturalmente gli stessi principi si applicano sia che tu stia cercando di arredare per la prima volta la tua nuova casa o di dare nuova energia a uno spazio già in uso.

Stabilire requisiti, priorità e budget

La fase successiva è tecnicamente il passo nel quale un cliente esprime all'interior designer tutte le sue richieste. Significa dettagliare l'obiettivo in elementi più specifici e precisi, sulla base dei quali sarà realizzato il progetto di design.

Nello specifico in questa fase occorre definire i **requisiti** della nuova casa, ovvero elementi precisi coerenti con l'obiettivo più ampio che il nuovo spazio dovrà possedere per forza, e i **desideri** che risevi nei suoi confronti, ovvero elementi che non ritieni fondamentali ma, se possibile, inseriresti nel tuo ambiente. Ogni desiderio deve avere la sua priorità. Ad esempio: un requisito potrebbe essere che il letto non sia a scomparsa; un desiderio con priorità 1 una postazione per il remote working, un desiderio con priorità 2 la presenza di una lavatrice e una asciugatrice separate. Il designer dovrà realizzare necessariamente un letto non a scomparsa e, se chiamato a scegliere, posizionare una scrivania e compattare lavatrice e asciugatrice in un unico elettrodomestico. Quanto più saranno dettagliati questi elementi, più semplice renderanno il lavoro e meno saranno le sorprese negative a fine progetto. Anche se non ti rivolgerai a un interior designer e svilupperai il tuo progetto da te, è importante esplicitare questi elementi, così da lavorare con chiarezza e qualità.

Terzo elemento, importantissimo, del brief, è il **budget**. Quante risorse economiche hai a disposizione per arredare la casa? Come è facile comprendere, il valore varierà a seconda che si tratti di un arredo ex novo o di un adattamento di mobili e accessori quando l'appartamento è già in uso. In ogni caso il budget aiuterà a prendere decisioni informate durante il processo di design.

Una volta definita la comprensione delle esigenze può prendere avvio lo sviluppo del concept.

Definire il concept

L'elemento da definire come step successivo è lo **stile generale della casa**. Vuoi un ambiente contemporaneo, tradizionale, rustico? Ogni scelta porta con sé implicazioni a livello di colori, materiali e, in ultimo, le sensazioni che la casa trasmetterà. È importante definire con chiarezza questo elemento per ottenere il giusto risultato. La scelta tipica e preferibile di un appartamento di piccole dimensioni è quello minimalista perché la semplicità delle forme è quella che dà la percezione di massima leggerezza e minima invasività. Non è tuttavia l'unica scelta percorribile. Senza dubbio altre scelte sono da esplorare. Inoltre, anche se si percorre la via minimalista, è possibile spaziare moltissimo all'interno di essa per creare un ambiente unico e personale.

L'interno di una casa è un rifugio personale, un mondo a parte dove esprimere la propria identità e trovare comfort. Tuttavia, è importante considerare anche il contesto urbano in cui l'abitazione è inserita nella scelta dello stile e degli arredi. La città circostante influenza inevitabilmente la vita quotidiana e può offrire ispirazione per il design degli interni. Un appartamento in una metropoli contemporanea e dinamica potrebbe beneficiare di uno stile minimalista e funzionale, che riflette il ritmo veloce della vita urbana. Al contrario, una casa situata in un quartiere storico potrebbe trarre vantaggio dall'incorporare elementi classici o vintage, in armonia con l'ambiente circostante. Riconoscere il legame tra l'interno della casa e il contesto urbano permette di creare uno spazio che non solo rispecchia il carattere personale, ma si integra anche con l'atmosfera del quartiere, migliorando così l'esperienza abitativa complessiva.

Il primo passo per dare vita alla tua visione e quella di creare un **moodboard**. Si tratta di un passaggio fondamentale per mettere a fuoco la tua visione. I moodboard sono bacheche, fisiche o virtuali, che mettono in mostra situazioni, colori, materiali che evocano la sensazione che desideri provare nella tua casa. Può comprendere foto di paesaggi, fiori secchi, pezzi di tessuto, tutto quello che suggerisca il modo in cui ti vuoi sentire nel tuo spazio. Non esistono differenze per realizzare un moodboard di una casa grande e quelle di una piccola. Il moodboard deve solo riflettere il modo in cui ti vuoi sentire quando ti ci trovi.

Il passo immediatamente successivo è quello della creazione del **colorboard** o **palette**, ovvero della tavolozza di colori che implementerai a casa tua e che ti guiderà a muoverti senza esitazione nella scelta dei materiali, dei mobili e degli oggetti che vivranno a casa tua. Gli spazi piccoli suggeriscono un certo tipo di colori, tendenzialmente colori chiari, che diano la percezione di uno spazio in espansione, ma – come per la definizione dello stile – i colori chiari non sono l'unica via: qualsiasi colore, usato con moderazione, può dare personalità senza disturbare, anzi portando energia al tuo spazio.

Quando avrai ultimato il brief avrai portato il tuo progetto di design a una milestone: avrai deciso con estrema precisione cosa ti aspetti dalla tua casa, tutti gli elementi che dovrà possedere, le sue caratteristiche fondamentali, le funzionalità, lo stile e i colori, il tetto di spesa per la sua realizzazione. L'obiettivo ti sarà chiaro e potrai passare alla fase successiva, che riguarda i posizionamenti e la scelta dei mobili.

Redigere il floorplan

Passare al floorplan significa, di fatto, passare alla vera e propria azione: il **floorplan** o **layout** è la scelta dei posizionamenti degli oggetti nello spazio. Naturalmente serve una planimetria accurata, una tela bianca sopra la quale ipotizzare l'uso degli spazi. Questa fase è il cuore del progetto: dopo che avrai definito mood e colori, ecco che inizierai a immaginare come occupare il prezioso spazio che hai a disposizione. In questo frangente non hai bisogno di scegliere nello specifico i mobili, ma dovrai immaginare solo il loro spazio ingombro ed essere sicuro/a che si tratti di quello ottimale per lo spazio a disposizione. Quanto più accurata sarà questa fase, più successo avrà l'intera operazione.

Il primo passo per valutare lo spazio disponibile è ottenere **misurazioni precise**. Anche se può sembrare ovvio, è sorprendente quante persone trascurino questa fase, che è come si capisce fondamentale, finendo per acquistare mobili troppo grandi o non adatti all'ambiente. Ecco come procedere se non hai una planimetria precisa (che dovrai comunque ricontrollare). Inizia misurando le dimensioni di ogni stanza, considerando la lunghezza, la larghezza e l'altezza del soffitto. Usa un metro a nastro o un misuratore laser per ottenere dati accurati. Prendi nota delle dimensioni di porte, finestre e altri elementi architettonici, come pilastri o rientranze, che potrebbero influenzare la disposizione dei mobili. Importantissimo valutare le altezze, spesso sottovalutate. Una volta ottenute le misure, crea una pianta della casa. Puoi disegnarla a mano o utilizzare software specifici di progettazione. La pianta dovrebbe includere le dimensioni precise delle stanze, la posizione delle finestre e delle porte, e qualsiasi altro dettaglio rilevante. Questa mappa ti aiuterà a visualizzare lo spazio e a pianificare la disposizione degli arredi in modo più efficace.

Nella fase del flloorplan dovrai anche identificare le funzioni principali di ogni stanza, rifacendoti a requisiti e priorità. Dovrai essere sicuro che tutte le funzioni identificate nel brief trovino corrispondenza nel floorplan e che una buona parte dei desideri siano stati accolti. Per fare questo, in spazi ridotti, è molto probabile che ogni stanza sia deputata a più funzioni ed è importante in questa fase trovare le funzioni che meglio si adattano l'una all'altra. Definire queste funzioni ti aiuterà a determinare quali mobili e soluzioni di stoccaggio sono necessari e come disporli in modo efficiente. Ad esempio: difficile ormai che esista una stireria. Dove vogliamo stirare? Nella camera da letto? In soggiorno? In cucina? O vogliamo rinunciare a stirare del tutto? È possibile? Pensieri come questo innescano delle riflessioni. Conosco chi – per assenza di spazio – ha rinunciato a stirare e ha scoperto che non solo era possibile ma ha anche portato un enorme risparmio di tempo e di spesa e ben poca differenza nel look. Questo è uno dei vantaggi che la costrizione a modificare il proprio stile di vita porta con sé.

Nella fase di layout occorre considerare il flusso della casa e la facilità di movimento all'interno degli spazi. Assicurati che ci sia abbastanza spazio per camminare comodamente tra i mobili e che le porte possano aprirsi e chiudersi senza ostacoli. Il flusso di circolazione dovrebbe essere fluido e intuitivo, evitando di creare aree congestionate o difficili da raggiungere.

Una volta ipotizzato l'utilizzo dello spazio in 2D, potrai passare – se sei in condizione di farlo – a un rendering 3D della tua casa: immagini realistiche che mostrano come il tuo spazio apparirà dopo la conclusione del progetto ti aiuterà a capire se stai lavorando bene e se la situazione che si viene a creare riflette i tuoi desideri.

Scegliere le finiture, i mobili, gli accessori

Il più è fatto. Ora hai una comprensione chiara dello spazio disponibile e delle sue funzioni ed è il momento di pianificare l'arredamento. Una volta definito il design generale, passeremo alla fase di selezione dei prodotti. Questa è l'opportunità per te di scegliere i mobili, i rivestimenti, i tessili e gli accessori che trasformeranno il tuo spazio nell'ambiente che cerchi. Il moodboard ma soprattutto il color board che hai preparato nelle fasi precedenti saranno la tua guida nella selezione. In questa fase dovrai fare attenzione che le tue scelte siano compatibili con il budget. La fase di selezione, a seconda di quanto profondo sarà il tuo progetto di design, andrà dalla scelta dei pavimenti e delle finiture, delle lampade, fino ad arrivare ai tessili e poi dei mobili e degli oggetti d'arredo.

L'attuazione del progetto

La fase più entusiasmante è ovviamente l'attuazione. Non priva di stress, sarà la fase nella quale sostituirai i mobili presenti in casa tua con le nuove soluzioni di arredo o la arrederai da zero. Vedrai i tuoi progetti prendere forma e presto potrai vivere nella tua nuova casa.

PROGETTARE AL MEGLIO GLI SPAZI RIDOTTI FASE PER FASE

In questo capitolo, esploreremo ciascuna delle fasi fondamentali di un progetto di interior design, con particolare attenzione alle sfide e alle opportunità che emergono quando si lavora con metrature limitate. Partiremo dalla definizione degli obiettivi, passando per il brief e la creazione di un concept visivo, fino ad arrivare alla suddivisione dello spazio (floorplan) e alla scelta dei mobili. Ogni fase sarà affrontata con l'obiettivo di massimizzare l'utilità dello spazio disponibile e di creare un ambiente che risponda alle esigenze di chi lo abita, senza rinunciare all'estetica o al comfort. Seguendo questi passi trasformerai anche il più piccolo degli spazi in un ambiente dove vivere con leggerezza e comfort.

Obiettivi: non limitare l'immaginazione

Quando si tratta di definire gli obiettivi per un progetto di design in piccoli spazi, uno degli errori più comuni è pensare che le dimensioni ridotte rappresentino un limite invalicabile. È facile cadere nella trappola di credere che uno spazio piccolo possa solo accogliere idee piccole. In realtà, questo è il momento di lasciare volare l'immaginazione. Gli spazi ridotti, infatti, non solo sfidano la creatività, ma offrono anche l'opportunità di trovare soluzioni innovative che rendono la vita quotidiana più funzionale, estetica e piacevole.

Inoltre, non bisogna dimenticare che un piccolo spazio non deve necessariamente sembrare piccolo. L'uso intelligente della luce, dei colori e dei materiali può fare miracoli. L'obiettivo qui è creare un ambiente che non solo funzioni bene, ma che ci faccia sentire nel luogo che abbiamo sempre sognato, per noi, i nostri amici, la nostra famiglia. A questo scopo, la percezione è tutto.

Infine, è importante ricordare che il design di piccoli spazi è un'opportunità per sperimentare e innovare. Le restrizioni dello spazio possono spingere a pensare fuori dagli schemi e trovare soluzioni per ottenere sensazioni analoghe in ambienti più grandi. Non limitare l'immaginazione significa vedere ogni sfida come un'opportunità per creare qualcosa di unico, personale e sorprendente. Non limitare i propri obiettivi, anche al di là delle possibilità, permette di arrivare il più vicino possibile al proprio desiderio: avere la sensazione di entrare in una spa, avere la sensazione di essere in vacanza, sentirsi dentro una nuvola, sentirsi in un attico a New York, essere dentro una foresta, sulla cima di una montagna. Questi sono gli obiettivi che ti devi porre.

Obiettivo: monolocale foresta

Requisiti, priorità, budget: chiarezza

Fase due: come ricordi, ora dovrai indicare gli elementi oggettivi del tuo progetto, ovvero i requisiti, i desideri con relativa priorità e il budget entro il quale stare.

Requisiti e desideri

Cosa dovrà avere per forza la tua casa? Cosa vorresti ma non è indispensabile? Quando dovrai spendere al massimo? E in che modo? L'obiettivo è ottenere il massimo dal tuo spazio senza dover scendere a compromessi sulla qualità della vita.

Quanto più saranno dettagliati questi elementi, più semplice renderanno il lavoro. Per esempio, potresti volere che la tua casa sia in grado di ospitare per periodi brevi almeno una persona in più oppure che la tua cucina abbia almeno quattro fuochi, o che casa tua possegga una zona dedicata fissa allo smartworking. Questi sono requisiti, ovvero elementi ai quali non vuoi rinunciare in nessun modo. Ti piacerebbe anche avere lavatrice e asciugatrice separate, ma non lo ritieni fondamentale. Questo è un desiderio e avrà una determinata priorità. Potrai identificarne quanti ne vuoi, ognuno con la sua e poi confrontarle per identificare quello che ti interessa di più. Questo influenzerà tutto il progetto di design: significa nello specifico che, di fronte alla possibilità di sfruttare un determinato metro quadro, sceglierai di utilizzarlo per una scrivania piuttosto che per un elettrodomestico aggiuntivo. Il consiglio per i piccoli spazi è quello di essere innanzitutto realistici e di focalizzarsi su ciò che veramente ci metterebbe in difficoltà se non ci fosse. Un suggerimento che mi sento di dare è quello di trascorrere alcuni giorni in un'abitazione veramente spartana, o in campeggio, e mettere a fuoco ciò che ci è mancato di più per capire a cosa possiamo rinunciare se proprio non abbiamo scelta. Consiglio di mettere per iscritto requisiti e desideri con il relativo livello di priorità in una tabella. Questo schema servirà come riferimento per tutte le fasi successive del progetto e ti aiuterà più di quanto immagini a effettuare le tue scelte.

In un progetto di design per piccoli spazi, la scelta delle priorità è fondamentale. Poiché lo spazio disponibile è limitato, è essenziale identificare quali funzioni e caratteristiche sono più importanti per chi abita la casa. In questa fase, bisogna considerare le esigenze quotidiane: se lo spazio dovrà fungere principalmente da zona relax, da area di lavoro, o se dovrà essere in grado di ospitare amici e familiari. Ad esempio, in un monolocale, potrebbe essere prioritario garantire un'area notte confortevole e separata, anche se si sacrifica un po' di spazio per il soggiorno. Oppure, se si lavora da casa, creare una zona studio ergonomica e ben organizzata potrebbe essere più importante di un'area pranzo formale.

È essenziale che tutte le priorità siano definite con chiarezza fin dall'inizio, perché queste guideranno tutte le scelte successive, dai mobili agli accessori.

Budget

Progettare un piccolo spazio richiede spesso investimenti in soluzioni su misura, mobili multifunzionali o materiali di qualità che possano durare nel tempo e resistere all'uso quotidiano. È importante allocare il budget in modo intelligente, decidendo dove investire di più e dove, eventualmente, risparmiare. In genere, conviene destinare una buona parte del budget a elementi fondamentali per il benessere come il letto o il divano, mentre si può optare per soluzioni più economiche per decorazioni o accessori. Allo stesso tempo, non bisogna sottovalutare il valore di piccoli interventi come una buona illuminazione o la scelta di tende e tappeti che migliorano l'atmosfera senza richiedere spese eccessive.

È utile anche considerare il budget a lungo termine. Investire in soluzioni durevoli e ben progettate, anche se inizialmente più costose, può risultare vantaggioso nel tempo, riducendo la necessità di sostituzioni o manutenzione. Infine, mantenere un certo margine di flessibilità nel budget è consigliabile, per poter affrontare eventuali imprevisti senza compromettere la qualità del progetto.

Per queste tre fasi iniziali, le considerazioni generali esposte nel capitolo precedente non richiedono di grandi approfondimenti, se non l'aggiunta di un consiglio: quello di essere ragionevoli e di fare i conti con la realtà per ottenere un risultato aderente possibile con le effettive possibilità.

Concept: razionalità e fantasia

La fase del concept è il momento in cui si inizia a dare forma concreta e visualizzazione alle idee attraverso la creazione di moodboard e la scelta di una palette cromatica, per poi arrivare alla scelta dello stile. Nei piccoli spazi, questo processo assume un'importanza ancora maggiore, poiché ogni dettaglio contribuisce a definire l'atmosfera e l'identità dell'ambiente. La moodboard serve come guida visiva per raccogliere ispirazioni, materiali e stili che rappresentano l'estetica desiderata, permettendo di avere una visione d'insieme coerente. Non esistono indicazioni particolari per i piccoli spazi: libera la fantasia.

Nella scelta della palette cromatica di piccoli spazi, invece, i piccoli spazi invitano a una determinata scelta di colori. Parlando in generale, è una buona idea optare per tonalità che amplifichino visivamente lo spazio e creino una sensazione di leggerezza. Colori chiari e neutri, come il bianco, il beige o il grigio, sono la base ideale, perché trasmetteranno una sensazione di ampiezza e relax, al contrario di colori più accesi che rischierebbero di rendere troppo caotico un piccolo ambiente. Sappiamo bene che colori scuri tendono a rimpicciolire mentre quelli chiari a ingrandire. Il bianco, il grigio, il beige, il cipria, l'azzurro sono i toni ideali per creare leggerezza e elevazione.

Questi colori chiari e neutri sono, in ogni caso, solo una base: tocchi di colore acceso o scuro possono essere determinanti nel rendere lo spazio interessante, elegante, intrigante e vivace senza appesantire. E non solo attraverso accessori, accenti o dettagli, ma anche nella scelta di come colorare pareti o soffitti.

Il concept deve riuscire a trasformare le limitazioni spaziali in un'opportunità per esprimere uno stile forte e ben definito, che renda il piccolo spazio accogliente e funzionale. In questa fase, è importante anche scegliere, oltre ai colori, anche determinati materiali, che dovranno essere coerenti e coesi in tutta la casa. Per i piccoli spazi, è un'ottima idea optare per superfici che riflettano la luce o creino contrasto senza appesantire l'ambiente, quindi ad esempio colori chiari e pattern geometrici e floreali diversi per creare varietà senza scurire l'ambiente.

In quanto allo stile, la prima cosa da fare è abbandonare il concetto che un piccolo spazio debba essere per forza minimalista nel design o nelle funzioni. Certo, la semplicità è spesso la chiave del successo, ma semplicità non significa rinunciare all'audacia o al carattere. Anzi, è proprio in questi contesti che la creatività può esprimersi al massimo, combinando estetica e praticità in modi inaspettati. Lo stile minimalista è adatto a spazi piccoli perché la semplicità delle forme è quella che dà la percezione di massima leggerezza e minima invasività ma non è l'unica scelta percorribile. Senza dubbio altre scelte sono da esplorare.

Va tenuto però presente che, in un piccolo spazio, come principio generale, lo stile deve essere coerente e funzionale. Un design eclettico o sovraccarico di elementi decorativi rischia di creare confusione visiva e di rendere l'ambiente soffocante. Quindi la scelta di uno stile più audace dovrebbe trovare controbilanciamento nei colori da usare. Potremmo considerare stile di arredo e forza dei colori come variabili alternative: uno stile minimale potrà abbracciare anche colori più forti, mentre uno stile eclettico o ricco di decorazioni dovrà tendere a impiegare colori chiari e toni pacati.

Proseguendo, lo stile scelto dovrebbe riflettere non solo i gusti personali, ma anche l'architettura e il contesto nel quale la casa si trova.

Moodboard e colorboard foresta rilassante

Moodboard e colorboard ocean beach

Moodboard e colorboard razionale minimalista sui toni del marrone

Moodboard e colorboard nido calmo e accogliente con colori pastello

Moodboard e colorboard casa calda retrò con toni arancioni, mattone, giallo e verde caldo

Moodboard e colorboard tramonto di montagna con toni rosa, viola e ocra

Floorplan: modellare per zona

La definizione del floorplan, ovvero la suddivisione dello spazio e l'identificazione di dove collocare i mobili, è il cuore dell'arredo di piccoli spazi. Se questa fase, per un progetto di interior design con spazi generosi, è una fase dall'importanza al pari delle altre, per spazi piccoli è decisamente quella più importante. Qui si fanno i giochi, si dà concretezza a requisiti, ai desideri, e si mettono in atto tutti i possibili meccanismi per il risparmio dello spazio e la sua migliore utilizzazione possibile. Questo passaggio non solo determina la funzionalità complessiva dell'ambiente, ma ha anche un impatto significativo sull'estetica, la fruibilità e il comfort.

In un contesto in cui ogni metro quadrato conta, un floorplan ben pensato può trasformare un piccolo appartamento in un luogo accogliente e pratico, mentre una disposizione sbagliata può rendere lo spazio caotico e poco vivibile.

In questo capitolo, esploreremo le tecniche e le strategie per valutare al meglio lo spazio disponibile, per aiutare chiunque a prendere decisioni informate su come utilizzare la casa nel miglior modo possibile. Vediamo come affrontare questa fase nel dettaglio.

Conoscere l'area disponibile

Valutare con precisione l'area disponibile è essenziale per sfruttare al meglio ogni centimetro quadrato. Un'analisi accurata dello spazio consente di pianificare in modo efficiente l'arredamento, la disposizione dei mobili e l'organizzazione generale, migliorando sia la funzionalità che l'estetica dell'ambiente.

Prima di tutto, è essenziale prendere le misure precise di ogni stanza, delle pareti, delle aperture e delle eventuali peculiarità strutturali come colonne, nicchie o finestre è il primo passo per comprendere il potenziale e i limiti dell'ambiente. Nei piccoli spazi, anche il minimo dettaglio può fare la differenza. Per questo motivo è fondamentale possedere una mappa dettagliata del luogo e controllare nuovamente le misure per evitare brutte soprese più avanti. Anche gli spazi verticali vanno misurati oppure controllati rispetto alle informazioni in possesso.

Dividere in zone

Dopo aver ottenuto una mappa dettagliata della tua casa, il passo successivo è ipotizzare come ogni spazio possa essere utilizzato. Una valutazione funzionale ti aiuterà a capire quali aree potrebbero essere sfruttate meglio.

Nei piccoli spazi, le varie funzioni, non potendo essere associate sempre a una singola stanza, devono essere associate in aree, e spesso più di una funzione. Ad esempio, potrai decidere che una zona giorno dovrà fungere anche da area di lavoro o da spazio per pranzare, mentre una camera da letto dovrà poter integrare uno spazio di stoccaggio intelligente o un piccolo angolo lettura. Per suddividere efficacemente le funzioni, è importante visualizzare l'ambiente come un insieme di micro-aree, ognuna con la propria destinazione d'uso.

Allo stesso modo è importantissimo definire gli spazi multifunzionali. Stabilisci che alcuni mobili possano servire a più scopi, come un tavolo da pranzo che funge anche da scrivania, o un divano letto che può trasformarsi in un letto per gli ospiti.

Valuta quali stanze, angoli o mobili possano essere adattati per soddisfare più di una funzione, aumentando così la versatilità dell'abitazione. Ogni angolo, ogni parete, ogni mobile può avere una doppia funzione e, con un po' di immaginazione, anche i limiti fisici possono essere superati.

Dovrai fare più ipotesi di floorplan, non soltanto uno. Esplora tutte le possibilità disponibili per scegliere quella che ritieni più adatta a te. Esercitandoti a definire più floorplan per la tua casa ti farà capire quante possibilità di utilizzo questa ti possa offrire. È anche importante, come accennavamo in apertura, identificare preventivamente più possibilità di utilizzo degli spazi per lasciare spazio a modifiche o evoluzioni della casa, nel caso in cui sorgessero nuove necessità non più compatibili con il floorplan che hai scelto inizialmente.

Definire gli impianti

Un altro aspetto cruciale di questa fase è la gestione degli impianti. In piccoli spazi, gli impianti elettrici, idraulici e di climatizzazione devono essere installati in modo da occupare il minor spazio possibile, ma garantendo al tempo stesso funzionalità e accessibilità per eventuali manutenzioni. Ad esempio, se stai ristrutturando, puoi optare per soluzioni integrate, come sistemi di riscaldamento a pavimento o climatizzatori a parete, che riducono l'ingombro rispetto ai tradizionali radiatori o condizionatori portatili, prevedendo botole o accessi dedicati alla manutenzione.

Impostare partizioni

In questa fase, ipotizzare elementi divisori è utile per separare le diverse aree senza compromettere la sensazione di apertura dello spazio.

In particolare, se solo una parte della stanza è dotata di finestre (e la privacy interna non un problema), puoi creare un divisorio con dei pannelli o porte scorrevoli in materiali che fanno passare la luce, come il vetro: aggiungere una separazione visiva consentendo il passaggio della luce è meglio che avere un muro a mezza altezza in cartongesso o comunque opaco. Una parete vetrata permette anche di far traguardare visivamente lo spazio, rendendo lo spazio più ampio e spazioso bloccando gli odori, ad esempio della zona cucina. Se il tuo budget lo consente il vetro è un'ottima opzione.

Se la pannellatura scorrevole invece è troppo costosa o inadatta, puoi installare un pannello divisorio per ambienti in legno o altro materiale, magari con un motivo geometrico che accentua la verticalità o l'orizzontalità per far sembrare la stanza più alta o più ampia (approfondiremo successivamente il concetto). Gli stili, i colori e le personalizzazioni possono variare moltissimo. Non faticherai a trovare sul mercato il prodotto più adatto al tuo caso.

Altri tipi di separazione utili a definire le varie zone sono quelli flessibili come librerie aperte, mobili (basta un divano orientato nell'altra direzione rispetto alla cucina o un tavolo) o tende. Nei monolocali soprattutto, la suddivisione funzionale può essere ottenuta proprio attraverso il posizionamento strategico dei mobili. Nella fase di floorplanning non dovrai stabilire già quale mobile inserire, ma solo limitare concettualmente gli spazi. Ti occuperai successivamente di individuare il mobile specifico da utilizzare.

Sfruttare gli spazi verticali

Spesso, quando pensiamo allo spazio disponibile nella definizione del layout, ci concentriamo solo sulla superficie orizzontale delle stanze. Lo spazio orizzontale è la risorsa più evidente e immediata dell'abitazione che stai arredando. Ma lo spazio è anche quello verticale. Gli spazi alti possono essere sfruttati per aggiungere ulteriore spazio di archiviazione, per creare zone notte o per creare installare strutture utili alla separazione degli spazi in maniera creativa e piacevole. In un piccolo spazio, anche le pareti sono una risorsa preziosa. Vediamo dunque come puoi sfruttare la verticalità del tuo ambiente a tuo vantaggio attraverso la divisione degli spazi. L'uso intelligente dello spazio verticale nel floorplanning è un esercizio lungimirante che può aumentare di moltissimo la capacità di stoccaggio di un appartamento, risolvendone le sorti.

Pensare allo spazio verticale in modo creativo nel fllorplanning significa innanzitutto valutare di sfalsare il piano calpestabile del tuo appartamento in modo che alcune aree siano sopraelevate e lascino sotto di sé spazio per cassetti o vani contenitori. È il caso tipico delle zone relax o delle zone letto, a minore calpestabilità rispetto ad esempio a una cucina, che vengono messe su una struttura leggermente sopraelevata (tipicamente di 40-60 cm) sotto la quale trova spazio così una comoda zona di archiviazione. Questo permette di dare dinamicità alla casa e al tempo stesso di recuperare enorme spazio per lo stoccaggio di oggetti.

Zona notte sopraelevata: questa soluzione, applicabile anche alla zona divano/TV o altre aree funzionali, permette di ottenere un'ampia area di archiviazione senza sacrificare la superficie orizzontale.

A volte i monolocali sono ricavati in ambienti industriali o case antiche e hanno a disposizione un'altezza superiore. In questo caso puoi inserire un soppalco, abitabile o utilizzabile per la zona notte se la normativa lo consente. La scelta non è comunque automatica: dovrai considerare attentamente le misure e l'effettiva utilità, se il soppalco toglie troppa luce o se schiaccia lo spazio. In questi casi, è possibile optare per una soppalcatura parziale o il posizionamento di un solo soppalco rimovibile per avere un letto sopraelevato. Un soppalco offre ulteriori spazi nella casa e consente di aggiungere nuove funzionalità allo spazio abitativo.

Immaginare flussi e movimenti

Successivamente, è utile pensare allo spazio in termini di flussi e percorsi, per valutare la facilità di movimento al suo interno. Assicurati che ci sia abbastanza spazio per camminare comodamente tra i mobili. Il flusso di circolazione dovrebbe essere fluido e intuitivo, evitando di creare aree congestionate o difficili da raggiungere.

Nei piccoli spazi, è importante evitare di sovraccaricare le aree di passaggio o di creare angoli morti che riducano l'efficienza dello spazio.

Un errore comune è quello di riservare troppo poco spazio all'apertura delle porte o addirittura porre mobili o oggetti in concomitanza dell'apertura di una porta. Le porte, come regola generale, devono potersi aprire per intero e non presentare ostacoli di alcun tipo per chi le attraversa.

Inoltre – altro errore ricorrente – è necessario lasciare libero lo spazio di passaggio di una persona per una larghezza di – idealmente – 90 cm. In spazi ridotti non critici questa misura si può certamente ridurre, ma non deve essere complicato spostarsi nella casa quando si cammina.

Notare e sfruttare gli spazi nascosti

Uno dei segreti per vivere comodamente in piccoli spazi è saper organizzare e nascondere gli oggetti in modo efficiente. Lo stoccaggio intelligente è fondamentale per mantenere l'ambiente ordinato e funzionale. Valuta la possibilità di creare ripostigli o spazi di archiviazione nelle aree dove l'architettura lo consente: sopra le porte, negli angoli, o sotto piani rialzati. Se l'altezza dei soffitti lo consente, ribassare una parte del soffitto per creare un solaio o un ripostiglio, oppure creare un soppalco d'archivio aperto, per conservare la sensazione di apertura dello spazio.

In alcuni casi, è utile pensare fuori dagli schemi per trovare soluzioni creative. Ad esempio, puoi utilizzare panche con contenitori integrati o trasformare una scala in una libreria. Queste idee non solo forniscono spazio extra, ma aggiungono anche un tocco di originalità e personalità all'ambiente.

Altri luoghi spesso trascurati per riporre oggetti sono la parte inferiore delle scale, dove ogni gradino può diventare un cassetto, e la zona del sottoscala può essere trasformata in un ripostiglio o persino in un piccolo ufficio, completo di scrivania e sedia. Anche lo spazio sotto il letto o dietro le porte può ospitare cassetti o armadi poco profondi, perfetti per contenere oggetti senza ingombrare.

Scelta delle finiture: parola chiave illusione

Il colpo d'occhio e la maniera in cui un piccolo spazio è percepito sono fondamentali per creare un ambiente confortevole. Anche nelle abitazioni di dimensioni ridotte, l'impressione che lo spazio trasmette può fare una grande differenza nella quotidianità di chi ci vive. Il gioco tra luce, colori e disposizione degli arredi può alterare la percezione dello spazio, facendo sembrare un ambiente più grande, più luminoso o più accogliente. Ci sono piccoli accorgimenti che, pur senza interventi strutturali importanti, possono trasformare la sensazione di vivere in un ambiente ristretto, rendendolo più piacevole e funzionale. Le finiture, intese come scelta di materiali, colori alle pareti, carte da parati e molto altro, sono gli elementi tipici che danno profondità, ampiezza, altezza agli spazi senza agire sui metri quadri ma solo sull'occhio umano. Il costo è ridotto e il risultato straordinario.

La percezione visiva è dunque il primo aspetto su cui lavorare: agire in modo che l'ambiente sembri fluido, leggero e accogliente, anche quando le dimensioni sono contenute.

L'Illuminazione giusta

Nei piccoli spazi, è innanzitutto una buona illuminazione che può fare la differenza tra un ambiente che sembra angusto e uno che appare accogliente e arioso.

Specchi e superfici riflettenti sono strumenti utilissimi per ampliare la percezione dello spazio, poiché riflettono la luce, naturale e artificiale, e creano un senso di profondità. Posizionare uno specchio di fronte a una finestra, ad esempio, può far sembrare la stanza più grande e luminosa; posizionarlo accanto a una lampada a parete raddoppierà la luminosità della stanza quando la lampada è accesa.

Oltre alla luce naturale, che dovrebbe essere sfruttata al massimo attraverso l'uso di tende leggere o l'assenza di ostacoli vicino alle finestre, è importante integrare un'illuminazione artificiale stratificata. Lampade da terra, applique e faretti a soffitto possono essere utilizzati per creare diverse atmosfere e per illuminare le aree funzionali in modo adeguato. Creare diversi livelli di illuminazione garantirà differenti mood all'ambiente, dal più relax quando sei da solo la sera al più vivace quando ci sono ospiti. In questo modo la tua casa, per quanto piccola, sembrerà varia e non sarà mai noiosa.

Se puoi, realizza un abbassamento in cartongesso e posiziona dei faretti nelle zone più buie. Diversamente, posiziona una applique o un'altra luce per valorizzarla.

Le soluzioni dimmerabili nell'intensità e nel colore ti permettono di cambiare scenografia quando ti pare.

Verticalità accentuata

Un soppalco, fisso o mobile, oltre a creare un'utile divisione dello spazio come visto in precedenza, accentua anche la verticalità di un appartamento, invitando l'occhio a salire.

La tipica soluzione a soppalco per il letto o per una seconda scrivania dedicata ad esempio a un hobby accentua la verticalità della stanza, oltre che creare nuovo spazio disponibile dove prima era assente.

Analogamente, un mobile che arriva fino al soffitto, oltre che a scopi di contenimento, serve anche per dare un effetto di verticalità alle stanze, che sembreranno più ariose.

Anche le mensole galleggianti sono un ottimo modo per accentuare verticalità, oltre che evidentemente aggiungere spazio di archiviazione senza occupare spazio sul pavimento.

Allo stesso modo, i ganci alle pareti che permettono di appendere abiti, accessori e oggetti decorativi alle pareti, inviteranno, come il soppalco e i mobili a soffitto a salire in verticale con lo sguardo, trasferendo un senso di maggiore verticalità.

Colori

Un aspetto cruciale dell'interior design per piccoli spazi è senza dubbio l'uso dei colori per ampliare la percezione dello spazio. I colori chiari e neutri, abbiamo visto, aiutano a riflettere la luce e a creare un senso di maggiore spaziosità. Quindi i colori tenui, chiari, leggeri come il grigio chiaro, il beige, l'azzurro chiaro, il bianco soprattutto, sono nostri alleati nell'arredare piccoli spazi. Non è così semplice però.

In linea generale siamo portati a credere che il bianco, o il colore chiaro in generale, alle pareti faccia apparire qualsiasi ambiente più grande di com'è in realtà. Ma solo sottolineando i diversi piani di uno spazio è possibile modificare la percezione visiva che si ha di esso. Il bianco dunque funziona, ma non da solo. Sebbene i muri chiari tendano ad essere il punto di partenza per illuminare gli alloggi più piccoli, l'introduzione di un colore o di un materiale più caldo o scuro può effettivamente fare miracoli.

A volte i monolocali bianchi o troppo chiari, inoltre, perdono di carattere e, se non sono particolarmente pregiati a livello architettonico, hanno proprio bisogno di un tocco di energia e creatività alle pareti per risultare interessanti e piacevoli.

Una **parete a contrasto** può dare il giusto risalto agli arredi e aiutare anche a dividere concettualmente le zone della casa in un unico spazio (cosa che la carta da parati, come vedremo poi, riesce a fare ancora meglio).

Anche **dipingendo il soffitto** puoi creare un mood diverso dal solito, dare calore ed energia all'ambiente senza agire sui mobili o sulla divisione degli spazi.

Monolocale con muro blu scuro

Un'altra opzione è creare pareti con boiserie o coperture in altri materiali, naturali o artificiali. Il legno, soprattutto quello chiaro o miele, come colore e anche come texture, riscalda molto l'ambiente e può conferire un senso di grande accoglienza senza per nulla appesantire l'ambiente.

Usa queste tecniche per rompere gli schemi della progettazione tradizionale e creare un effetto più particolare ed elegante per la tua casa. Ne basta uno per creare un effetto inaspettato e di carattere che trasformerà completamente il tuo spazio.

Soffitto colorato per dare calore e intrigo alla stanza

Texture per ampliare lo spazio

È noto che le righe orizzontali ampliano uno spazio così come piastrelle di grandi dimensioni, mentre le righe verticali lo faranno sembrare più alto ma più stretto.

Se il progetto di design della nuova casa prevede un ripensamento dei pavimenti, questo aspetto va tenuto in considerazione per dare la massima ariosità a uno spazio ridotto. Se il progetto non lo prevede, i tappeti possono aiutare a ottenere questo effetto.

Pavimento a motivi grandi per dare spaziosità all'ambiente

Utilizzare carte da parati per ampliare la percezione

Quando si pone l'accento in maniera piuttosto marcata su un elemento di un determinato ambiente, inevitabilmente se ne occultano i difetti. La nostra attenzione si concentra infatti su quell'unico particolare, consentendoci di cogliere solo l'essenziale. La carta da parati è uno strumento straordinario per ottenere effetti di questo genere e anche per portare percezione di profondità e ariosità lì dove serve.

Ad esempio, una carta da parati ricca di colori e decori può rendere uno spazio piccolo, come un angolo da lavoro o un ingresso, divertente e accattivante, facendo passare in secondo piano proprio il fatto che è piccolo. Piccolo, in senso assoluto, non significa per forza insignificante: anzi, come spesso accade, offre grandi opportunità. Se in uno spazio estremamente ridotto occorre limitare l'arredo al minimo indispensabile (così da non sovraccaricare l'ambiente), per le pareti vale esattamente il discorso opposto: osare può essere la soluzione ideale per conferire carattere al nostro mini-locale.

Una elegante carta da parati con motivi geometrici o floreali può per esempio valorizzare enormemente anche un minuscolo ingresso con funzione di guardaroba, rendendolo un angolo interessante e di carattere, aumentando la percezione dello spazio disponibile. In contrasto con una semplice parete bianca, una carta da parati decorata a nuvole che riveste il fondo di una nicchia, altera invece la percezione della profondità. Le mensole realizzate su misura a completamento della carta da parati, poi, possono ottimizzare lo spazio senza appesantirlo.

Questo ingresso con carta da parati orizzontale amplifica la sua percezione in senso orizzontale, facendolo sembrare più ampio. Anche il tappeto agisce nello stesso senso.

Per occultare i difetti di un ambiente di modeste dimensioni occorre mettere in risalto ciò che lo rende unico. Scegli dunque una peculiarità da enfatizzare, come le rientranze di un corridoio o piccole nicchie, apponendo sezioni di carta da parati dai motivi grafici. Grazie a questo fine gioco d'illusione ottica, l'ambiente apparirà più grande di quello che è nella realtà, e decisamente più interessante.

Il principale vantaggio della carta da parati sta nel fatto che consente di arredare un ambiente senza ingombrarlo di mobili e accessori. Grazie a righe, fiori o motivi geometrici è in grado di determinarne lo stile, adattandosi perfettamente a ogni situazione. Un originale decoro vegetale o geometrico, che conferisce all'ambiente un tocco leggero e poetico.

Nelle case moderne di qualsiasi dimensione, caratterizzate da spazi continui e multifunzionali, non è semplice delimitare visivamente i vari ambienti, senza però separarli per non bloccare la luce e provocare un senso di soffocamento. In questo senso la carta da parati (ma questo vale anche per il colore alle pareti, come abbiamo detto) assolve perfettamente a questo compito, soprattutto in uno spazio ristretto. Una parete rivestita con carta da parati valorizzata da scaffali colorati, che mette in evidenza la sala da pranzo, la distingue ad esempio dal resto della zona giorno.

Nicchia di lavoro caratterizzata da carta da parati colorata

Si sa, righe e decori verticali tendono ad allungare la prospettiva. Per questo è opportuno ricorrervi per trasformare ambienti piccoli dai soffitti bassi, come i bagni ciechi, per trasformarli in locali che paiono (quasi) grandi. Anche colori di pareti o mobili scuri renderanno elegante un ambiente senza farlo sembrare di dimensioni ridotte e rendendolo intimo e accogliente.

Bagno minuscolo con carta da parati

Come avrai capito, oltre al pregio di modificare la percezione dell'ambiente, la carta da parati ha anche il grande potere di regalare un tocco vivace a un ambiente classico: basterà mettere in risalto una delle pareti maggiormente visibili, in modo che detti il tono all'intera stanza, soprattutto se si sviluppa in lunghezza. Una carta da parati con motivi esotici, in grado di trasportare un appartamento di città direttamente nella giungla tropicale.

Scelta dei mobili: multifunzionalità al primo posto

Siamo finalmente arrivati ai mobili. Hai visto quanti elementi, prima di pensare agli arredi, possono migliorare drasticamente la percezione della tua casa? Ora capisci quanto essere avventati e buttarsi subito sull'arredo sia fonte di occasioni sprecate. I paragrafi successivi sono proprio dedicati a consigli sulla tipologia di mobile da acquistare per il tuo spazio di dimensioni ridotte.

Iniziamo col dire che alcuni accorgimenti, che approfondiremo in questa sezione, portano vantaggi indiscussi nelle case di piccole dimensioni a livello di layout: i mobili multifunzionali limitano la necessità di spazio, così come i mobili pieghevoli; i mobili su misura o estesi al massimo in verticale eliminano gli sprechi di spazio; porte scorrevoli o al libro facilitano i flussi nello spazio. Nella scelta della tipologia di mobili, tieni in considerazione il layout, così da effettuare scelte giuste a livello di ingombro e apertura.

È importante, a questo punto, non limitarsi o farsi limitare a soluzioni standardizzate. Nei piccoli spazi, ogni casa è unica e richiede scelte su misura. Questo potrebbe significare disegnare mobili personalizzati, quando possibile e sensato, oppure sfruttare al massimo le altezze delle pareti, o creare aree funzionali che si nascondono quando non sono in uso. Anche in questo caso, alcuni elementi generali sono validi per le case di piccole dimensioni, come mobili poco profondi, su misura per minimizzare gli ingombri e lo spreco di spazio a parità di funzionalità. Mantenere uno spazio privo di ingombri non necessari è fondamentale in una piccola abitazione. Prima di acquistare nuovi mobili o decorazioni, chiediti se sono veramente necessari. L'accumulo di mobili superflui può rapidamente ridurre lo spazio disponibile e rendere l'ambiente caotico e opprimente.

E in quanto allo stile? Anche in questo caso, dovrai sempre rifarti al moodboard e al colorboard che hai selezionato per la tua casa. Sceglierai il modello del colore coerente con la tua casa e la tua stanza e lo stile che più si avvicina a quello prescelto. In fondo a questo capitolo troverai altre considerazioni in merito.

Mobili multifunzionali ogni volta possibile

Pensare in termini di multifunzionalità e modularità è essenziale. In piccoli spazi, un esercizio da eseguire costantemente è ipotizzare più funzioni per singolo mobile, ogni volta che sia possibile. Pensiamo innanzitutto al tavolo, emblema di questo concetto: sarà senza dubbio il luogo dove mangiare ma anche il luogo dove lavorare o giocare/intrattenere. Idealmente sarà quindi un tavolo allungabile piuttosto che fisso. Un divano non deve essere solo un divano, ma può trasformarsi in un letto per gli ospiti o in uno spazio di stoccaggio. Non bisogna perdere occasioni per fornire del mobile che abbiamo intenzione di piazzare di più funzionalità.

Inoltre, ogni tipologia di mobile deve essere scelta con attenzione, tenendo conto delle dimensioni, delle proporzioni e della funzionalità. Non c'è spazio per mobili ingombranti (tantomeno di mobili superflui); ogni pezzo deve rispondere a un'esigenza certa e, preferibilmente, a più di una.

Iniziare dai mobili principali è una buona strategia. Ad esempio, in una camera da letto, il letto sarà il punto focale. Quindi è importante posizionarlo in modo che sfrutti al meglio lo spazio disponibile. Un letto contenitore è la soluzione ideale per piccoli spazi, permettendo di combinare la funzione notte con quella di stoccaggio. Allo stesso modo, in cucina, mobili come tavoli a isola con cassetti integrati possono offrire spazio di stoccaggio ulteriore. Nel soggiorno, un divano con un vano contenitore integrato, può essere un'ottima scelta. Sempre in soggiorno, una libreria con scrivania integrata, un tavolo che si trasforma in scrivania, o una panca che può essere utilizzata come seduta e contenitore, sono tutti esempi di come il design intelligente possa migliorare la qualità della vita in ambienti ridotti.

Tutti gli altri mobili verranno di conseguenza e tendenzialmente dovranno essere acquistati esplorando la possibilità di offrire funzionalità secondarie. Quale che offre maggiori possibilità di integrazione è la funzione di stoccaggio e fortunatamente sono molti i mobili che la offrono. Anche un semplice specchio può essere abbinato a un armadio o a una scarpiera, così da offrire due funzioni in una a parità di spazio.

Specchio sull'anta dell'armadio

Mobili divisori

Precedentemente abbiamo parlato dell'utilità nel separare gli spazi di una casa con un elemento fisico. Oltre a elementi fissi come le porte scorrevoli, un altro tipo di separazione utile sono le librerie bifacciali centro stanza, ovvero aperte da entrambi i lati. Seguendo il principio per il quale, quando possibile, è da privilegiare un mobile in grado di assolvere più funzioni, un separatore che fa anche da libreria e viceversa è un'ottima scelta. Potrai utilizzarla sì per ospitare i tuoi libri ma anche i tuoi oggetti di arredo o altri contenitori chiusi nei quale riporre altri oggetti utili. Per minimizzare lo spazio occupato, osserva la profondità media dei tuoi libri poiché dovranno essere disposti su entrambi i lati della libreria e acquista una libreria dello spessore che ti serve (e non superiore).

Anche un mobile come un divano/letto o la stessa isola della cucina (se ci sta) può essere usata per separare la zona giorno da quella relax/notte.

Soluzioni di stoccaggio

Nelle case piccole si sa che lo spazio è poco. Dovrai dedicare grande attenzione ad acquistare mobili che permettano spazi di archiviazione e stoccaggio incorporati, come letti contenitori, a cassetti o a sollevamento, o a posizionare mensole o pensili ovunque sia possibile senza sovraccaricare lo spazio come sopra o dietro le porte.

Installare cassetti in spazi liberi che non li prevedono o utilizzare contenitori sotto i mobili può fornire spazio aggiuntivo per oggetti stagionali o meno utilizzati. Se, ad esempio, il letto ha spazio vuoto sotto di sé, sfrutta questo spazio per l'archiviazione con contenitori chiusi.

I sistemi di stoccaggio modulari sono una scelta eccellente per piccoli spazi. Questi sistemi offrono flessibilità, permettendo di adattare scaffali e cassetti alle tue esigenze specifiche. Possono essere espansi o ridotti in base alle necessità e sono particolarmente utili in stanze come il soggiorno o l'ufficio, dove è importante mantenere l'ordine.

Una buona organizzazione degli armadi e dei ripostigli è essenziale per evitare il caos. Utilizza scatole etichettate, divisori e grucce salvaspazio per massimizzare l'efficienza. Cerca di mantenere una rotazione regolare degli oggetti, conservando solo ciò che usi frequentemente e riponendo altrove ciò che non ti serve quotidianamente.

Mobili flessibili e facilmente spostabili

I mobili modulari offrono un ulteriore vantaggio: la flessibilità e la possibilità di risparmiare molto spazio in occasioni speciali di breve durata. Vediamo alcuni esempi.

Divani modulari: Questi divani sono composti da più pezzi che possono essere riarrangiati in base alle esigenze. In un piccolo soggiorno, un divano modulare permette di creare diverse configurazioni: un angolo lettura, un'area relax o uno spazio per accogliere gli ospiti.

Tavolini impilabili o a nido: Questi tavolini possono essere impilati quando non sono necessari o separati per offrire superfici extra. Sono particolarmente utili in soggiorni piccoli dove lo spazio per i tavoli laterali è limitato.

Mobili pieghevoli o retrattili: Scrivanie a parete che si ripiegano quando non in uso, sedie pieghevoli che possono essere riposte facilmente o letti retrattili sono soluzioni ideali per spazi ristretti. Questi mobili offrono la massima funzionalità senza rubare spazio prezioso quando non sono necessari. Idealmente tutte le sedie in spazi ridotti dovrebbero essere pieghevoli o quantomeno impilabili.

Mobili su ruote: possono essere facilmente spostati anche se ospitano oggetti delicati come piatti o bicchieri.

Tutte queste sono soluzioni che permettono di riconfigurare l'ambiente in base alle necessità del momento. L'obiettivo è creare uno spazio che non sia statico, ma che possa adattarsi ai diversi momenti della giornata e anche alle occasioni speciali come cene o feste con molte persone. Per quanto ridotto il tuo spazio, non è giusto che tu non possa ospitare più persone. Avere a disposizione uno spazio riconfigurabile grazie a scelte di mobili oculate è un grande vantaggio che va implementato.

Usa la tua immaginazione e pensa a tutte le possibili occasioni nelle quali potresti avere persone aggiuntive in casa tua o tu o un'altra persona che vive insieme a te potrebbe aver bisogno di spazio dedicato. In un contesto dove ogni metro quadrato conta, l'ottimizzazione e la modularizzazione degli spazi è tutto.

Mobili su misura

Quando possibile, opta per mobili su misura che si adattino perfettamente alle dimensioni e alla forma della stanza. Un armadio costruito su misura può sfruttare ogni centimetro di spazio disponibile, specialmente in aree difficili come nicchie o angoli.

Budget permettendo, anche letti o divani su misura possono essere progettati per includere spazi di stoccaggio integrati, riducendo la necessità di altri mobili ingombranti. Come detto in precedenza, sono soprattutto gli armadi e i luoghi di stoccaggio a beneficiare di una costruzione su misura: ti permetteranno di sfruttare ogni centimetro e di dare un senso di ulteriore slancio alla stanza.

Gli oggetti, alcuni dei quali insospettabili, che ti possono offrire enormi vantaggi se costruiti su misura sono gli armadi guardaroba, per raggiungere il soffitto e arrivare esattamente alla parete laterale; la scarpiera, per sfruttare ogni minimo interstizio lasciato da altri mobili (che non avrai potuto realizzare su misura); zone di stoccaggio in cucina (laddove l'azienda delle cucine non aveva un modulo adatto al tuo spazio); librerie (per creare opportunità di archiviare oggetti e libri nella zona giorno lungo tutta la parete e attorno a ogni angolo); scaffalature per il ripostiglio (così da creare un luogo di stoccaggio per ogni oggetto di servizio). In questi spazi è importantissimo pensare agli oggetti che si possiedono. Mi connetto all'appena citato ripostiglio: se vogliamo un luogo per riporre scopa e secchio per lavare i pavimenti, facciamoci creare uno spazio apposito, così da rendere la nostra vita più semplice e non sprecare spazio inutile per altri oggetti. Allo stesso modo, pianifichiamo e facciamo realizzare appositamente scaffali e armadi per riporre gli oggetti che desideriamo avere a disposizione lì dove li vogliamo avere a disposizione.

Mobili a scomparsa: risparmio di spazio al massimo

Alcuni mobili a scomparsa sono decisamente ovvi, come i divani letto, opzione quasi imprescindibile per monolocali o soggiorni che fungono anche da camere da letto o che devono poter ospitare saltuariamente persone, senza bisogno di una stanza separata, o come i tavoli estensibili, che offrono la possibilità di ospitare più persone quando serve. Ma le opzioni vanno oltre e vale la pena citarle.

Se il tuo ambiente è troppo piccolo per contenere sia un piccolo salottino che un letto, considera un letto a scomparsa. Si tratta sicuramente di una soluzione estrema, ma può essere utile se vivi da solo/a o se hai la necessità di lavorare in casa. I letti a scomparsa, che si richiudono contro la parete, permettono di liberare spazio durante il giorno, trasformando la camera da letto in una zona giorno o ufficio. Ce ne sono di molti tipi, che possono offrire addirittura tre posti letto. Questa possibilità risolverebbe il problema di avere fino a due persone da ospitare e potenzialmente eliminare la necessità di un divano letto.

Sempre rimanendo sull'argomento letto, diffusissime sul mercato sono anche le poltrone letto in grado di ospitare una persona o mobili letto, che appariranno come piccole cassettiere e conterranno invece un letto singolo o matrimoniale.

In stanze con soffitti alti, un soppalco, fisso o da mobile, può essere la soluzione per aggiungere una zona notte o un ufficio sopra il livello principale. Anche soluzioni a ponte, come letti rialzati con spazio sottostante per una scrivania o un divano, possono massimizzare l'uso dello spazio.

Ecco altre idee di mobili a scomparsa che potrai considerare nel tuo spazio limitato:

Letto a scomparsa con scrivania integrata. Un classico rivisitato: il letto si ripiega verticalmente nella parete e, quando viene chiuso, lascia spazio a una scrivania o ad una libreria. Ideale per camere da letto o uffici trasformabili.

Tavolo da pranzo pieghevole a parete. Un tavolo che si piega completamente contro il muro, spesso con una superficie che funge da lavagna o da specchio quando non è in uso. Perfetto per monolocali o cucine compatte.

Divano-letto a scomparsa con contenitore. Un divano che si trasforma in letto, ma che include anche uno spazio di stoccaggio sotto i sedili. Questo tipo di soluzione consente di risparmiare spazio senza sacrificare la funzionalità. Anche i pouf-letto sono un'ottima soluzione salvaspazio e multifunzionale.

Letto a soffitto (letto sospeso). Un sistema che permette al letto di essere sollevato e riposto al soffitto durante il giorno tramite un meccanismo elettrico o manuale. Molto futuristico, è ottimo per piccoli spazi.

Scrivania pieghevole a libreria. Questa scrivania si piega all'interno di una struttura che funziona come libreria o scaffalatura. Può essere aperta quando serve, rendendo uno spazio di lavoro immediato e compatto.

Cucina modulare a scomparsa. Se la cucina non è la tua passione o l'appartamento in questione non deve essere usato per cucinare, una mini-cucina che si richiude completamente dentro un armadio o una parete quando non è in uso. Include piani di cottura, lavelli e scaffalature, ottima per ambienti come monolocali o open space.

Letto a castello retrattile. Un letto a castello che può essere riposto contro il muro per guadagnare spazio durante il giorno. Ideale per camere condivise o per ospiti occasionali.

Tavolino da caffè trasformabile in tavolo da pranzo. Un tavolino da caffè che, grazie a un meccanismo a molla o scorrevole, si alza e si espande per diventare un tavolo da pranzo a pieno titolo. Perfetto per piccoli soggiorni e per feste.

Armadio con scrivania a scomparsa. Un armadio con una sezione nascosta che si apre per rivelare una scrivania e scaffali, creando un angolo ufficio nascosto che può essere facilmente richiuso per un look pulito e ordinato.

Letto a scomparsa con divano o poltrone integrati. Un sistema in cui un letto matrimoniale si ripiega e, quando non è in uso, rivela un divano o una coppia di poltrone. Ottimo per trasformare la camera da letto in un soggiorno durante il giorno.

Mobili di supporto alla funzionalità

Mensole a tutta altezza: Installare mensole che raggiungono il soffitto permette di sfruttare lo spazio in alto per riporre libri, oggetti decorativi o utensili da cucina. L'uso di mensole sospese crea anche un effetto visivo che rende la stanza più alta e ariosa.

Ganci e rastrelliere a muro: Nella cucina, nel bagno o nell'ingresso, l'uso di ganci, rastrelliere o barre sospese permette di tenere gli oggetti a portata di mano senza occupare spazio a terra. Questa soluzione è ideale per appendere utensili, cappotti, borse o persino biciclette in verticale.

Raccomandazioni finali sulla scelta dei mobili

Parlando in generale, opta per mobili slanciati o con piedini, che occupino meno spazio sul pavimento. Daranno l'idea di leggerezza. Opta per mobili leggeri e compatti, magari con gambe sottili o trasparenti, che diano una sensazione di leggerezza e ariosità. I mobili sospesi o appoggiati su piedini rialzati, ad esempio, lasciano visibile il pavimento, dando l'impressione di maggiore spazio.

Opta poi per arredi trasparenti o leggeri: mobili in vetro o acrilico, come tavolini trasparenti, sedie o librerie leggere, creano l'illusione di non occupare spazio visivo, mantenendo l'ambiente aperto e arioso.

È importante selezionare mobili che siano proporzionati alla stanza. Un divano troppo grande o un tavolo massiccio possono far sembrare lo spazio ancora più piccolo.

Decorazione: personalizzare senza sovraccarico

Oggetti decorativi, senza esagerare

Anche in spazi piccoli, è fondamentale non sacrificare il comfort e la personalizzazione. La sfida è trovare un equilibrio tra funzionalità e stile, scegliendo arredi e decorazioni che riflettano la personalità degli inquilini senza sovraccaricare visivamente l'ambiente. Questo può essere ottenuto attraverso un'attenta selezione degli oggetti decorativi e una pianificazione intelligente dello spazio disponibile.

Scegliere i mobili giusti per piccoli spazi è una delle decisioni più difficili nel design di interni. Non si tratta solo di trovare pezzi che si adattino fisicamente all'ambiente, ma anche di selezionare arredi che ottimizzino la funzionalità e migliorino la percezione dello spazio. In un contesto dove ogni centimetro conta, la scelta dei mobili e l'uso di tecniche di arredo intelligenti possono fare la differenza tra uno spazio soffocante e uno aperto, arioso e confortevole.

Accessori del giusto colore

Anche per la scelta degli accessori il riferimento al layout, al moodboard e al colorboard è fondamentale. Nella scelta di accessori e decorazioni, è fondamentale mantenere una palette cromatica coerente con il progetto generale. Questo aiuta a dare continuità visiva e armonia all'ambiente, evitando l'effetto disordinato o caotico che potrebbe sovraccaricare un piccolo spazio. Anche per le decorazioni, optare per tonalità che si integrano con le pareti e i mobili circostanti favorisco un'atmosfera bilanciata e rilassante.

Accessori tessili poco ingombranti

Gli accessori che occupano poco spazio, come tappeti, cuscini, coperte e decorazioni da parete, sono ideali per personalizzare l'ambiente senza ingombrare. Questi elementi non solo aggiungono calore e comfort, ma permettono di trasformare lo spazio in un luogo invitante e confortevole. I tappeti, in particolare, possono delineare aree specifiche, mentre cuscini e coperte creano morbidezza e invitano al relax.

Se la tua abitazione ha soffitti poco alti, puoi ingannare l'occhio installando le tende il più in alto possibile sul muro. Questo attirerà lo sguardo e creerà l'illusione di una maggiore ampiezza.

Le tende, pur essendo arredi piuttosto che mobili, rappresentano un'opzione interessante per separare visivamente gli ambienti senza dover ricorrere a strutture fisse. Tuttavia, è importante considerare i potenziali svantaggi. A differenza di pareti divisorie o pannelli rigidi, le tende tendono ad assorbire odori e richiedono una manutenzione più frequente, come il lavaggio e la stiratura. Inoltre, offrono una resa visiva meno solida, dando una sensazione di separazione più temporanea e meno strutturata rispetto a una divisione fissa, che invece trasmette un senso di maggiore qualità e stabilità.

Se scegli di utilizzare le tende per suddividere lo spazio, è consigliabile optare per tessuti molto leggeri e di colore chiaro. Questi tipi di tende mantengono una sensazione di apertura e leggerezza, evitando di appesantire l'ambiente o ridurre la percezione dello spazio. È importante anche che non tocchino il pavimento, poiché tende più corte e ariose contribuiscono a mantenere un look più ordinato e pulito, oltre a facilitare la pulizia. L'uso corretto delle tende può creare zone funzionali e intime, senza sacrificare la fluidità dell'ambiente o il senso di apertura.

Accessori come punto focale e per la verticalità

Creare punti focali senza ridurre lo spazio visivo è un altro aspetto cruciale. Un punto focale può essere una grande opera d'arte, una libreria particolare o un mobile di design, ma deve essere inserito con attenzione per non appesantire l'ambiente. L'obiettivo è guidare lo sguardo verso questi elementi senza che occupino fisicamente troppo spazio o ostruiscano la percezione della stanza. Oggetti sospesi o fissati alle pareti, come scaffali o mensole, permettono di ottenere questo effetto senza sacrificare funzionalità.

Per ottimizzare ulteriormente uno spazio ridotto, è essenziale considerare l'altezza delle pareti e identificare le aree in cui è possibile installare scaffali, mensole o armadi a muro, sfruttando così lo spazio verticale. L'aggiunta di appendiabiti a muro, portaoggetti sospesi o mensole angolari è un ottimo modo per liberare superfici a terra e mantenere l'ambiente ordinato e funzionale. Questi elementi aiutano a organizzare meglio gli oggetti quotidiani senza sottrarre spazio prezioso.

Oltre alla loro utilità pratica, sfruttare lo spazio verticale può anche migliorare l'estetica complessiva dell'ambiente. Una libreria a tutta altezza, ad esempio, non solo aumenta la capacità di stoccaggio, ma può diventare un vero e proprio punto focale, arricchendo visivamente la stanza e aggiungendo carattere. È importante, però, trovare un equilibrio tra funzionalità e design: le pareti non devono essere sovraccaricate di elementi, altrimenti rischiano di appesantire visivamente lo spazio. Una pianificazione attenta aiuta a mantenere l'armonia tra stile e praticità, offrendo un ambiente ordinato ma anche accogliente e ben organizzato.

Accessori illuminanti

L'illuminazione artificiale è un altro fattore chiave. Pianificare attentamente la posizione delle fonti di luce può trasformare un ambiente ristretto. Evitare lampadari ingombranti e preferire soluzioni come luci da parete o faretti direzionabili permette di illuminare angoli specifici e aumentare la percezione di spazio. L'uso di luci calde e soffuse aiuta a creare un'atmosfera accogliente senza mettere troppa pressione visiva.

Accessori vitali

Infine, l'aggiunta di piante e elementi naturali ha un impatto significativo anche in spazi piccoli. Le piante, anche in piccoli vasi o in soluzioni sospese, migliorano la qualità dell'aria e creano una connessione con la natura. L'inserimento di elementi naturali, come pietre decorative o accessori in legno, apporta un senso di calma e benessere, trasformando lo spazio in un rifugio piacevole. Anche con pochi dettagli naturali, è possibile rendere l'ambiente più vivo e armonioso.

Contenitori chiusi

Una chiave per evitare che un monolocale si percepisca come angusto è gestire il disordine. Questo include il disordine tradizionale (pile di oggetti, indumenti dappertutto o riviste), così come il disordine visivo (troppi elettrodomestici sul piano della cucina o troppe sedie imbottite intorno al tavolo).

La razionalizzazione dello spazio, evitando punti di accumulo di oggetti inutili, è una precondizione per il mantenimento dell'ordine: un ambiente razionale, logico, dove lo spazio si visualizzi e percepisca come semplice e pulito, sia a livello visivo che igienico.

A questo proposito i contenitori sono utili alleati. Negli spazi aperti, limitare le parti a giorno per sostituirle con moduli chiusi è un buon modo per minimizzare il disordine visivo. Se possibile, realizza invece spazi chiusi da una porta, di fatto un ripostiglio o una piccola cabina armadio, anche realizzata con un piccolo muro in cartongesso, per archiviare oggetti di ogni tipo in modo pratico. Molto spesso un muro in cartongesso è meno costoso di un armadio.

Se hai budget sufficiente, investilo in contenitori su misura tutti uguali o esteticamente simili tra di loro. Non c'è niente di peggio che vedere tanti mobiletti e piccoli arredi in giro per casa: creano un senso di disordine e di confusione visiva che peggiora lo spazio.

Ingresso ordinato

Se stai per arredare un monolocale, progetta bene l'ingresso per non perdere spazio utile e mantenere alta la funzionalità senza intaccare l'estetica.

Del resto, anche un monolocale o un bilocale ha le stesse esigenze di una casa più grande: cabina armadio, cappottiera, lavanderia. Dovrai trovare un luogo per gli oggetti che si trovano in questi ambienti anche se hai spazi molto più ridotti

Coesione tra gli arredi

Come in tutte le case, gli arredi devono avere coerenza per essere percepiti positivamente. È fondamentale che facciano parte della colorboard dello spazio in cui si trovano, stanza o zona che sia ma che siano ancora coerenti tra di loro nelle diverse stanze, per dare coesione all'intera casa e creare una continuità.

A questo proposito valuta anche il ruolo di tappeti e pavimentazioni unificanti, come un tappeto grande che copre gran parte del pavimento o una pavimentazione uniforme in tutta la casa. Puoi anche prevedere materiali simili o oggetti d'arredo seriali nelle varie zone o nelle varie stanze.

Attuazione del progetto: margini di errore al minimo

L'attuazione di un progetto di interior design è la fase in cui tutte le idee e le decisioni prese durante le fasi di concept e pianificazione prendono forma concreta. In spazi piccoli, questa fase richiede un'attenzione particolare, poiché ogni scelta ha un impatto significativo sull'efficacia complessiva del progetto.

Prima di tutto dovrai stabilire un piano di implementazione che includa le tempistiche di ogni fase. In piccoli spazi, è importante coordinare le varie attività in modo che non ci sia sovrapposizione tra più fornitori e manchi lo spazio per muoversi con facilità o per ospitare vari mobili nello stesso tempo. Ad esempio, la consegna dei mobili e l'installazione di strutture devono essere organizzate in sequenza logica, evitando l'accumulo di materiali e attrezzature che potrebbero intralciare i lavori.

Una pianificazione precisa è fondamentale anche per gestire eventuali imprevisti. Nei piccoli spazi, il margine di errore è ridotto e ogni ritardo o problema può compromettere il progetto complessivo. Per questo motivo, è consigliabile avere sempre un piano di riserva e monitorare costantemente l'avanzamento dei lavori.

Specialmente se sei tu a occupartene direttamente, è importante organizzare i materiali e gli strumenti in modo che siano facilmente accessibili ma non occupino spazio inutilmente. Ad esempio, è utile suddividere le aree di lavoro in zone specifiche: una per l'assemblaggio dei mobili, una per la verniciatura o la decorazione e un'altra per il deposito temporaneo degli oggetti. Questa suddivisione consente di evitare che tutto sia concentrato in un unico punto, riducendo il caos e facilitando il progresso dei lavori.

Un'altra strategia efficace è quella di attuare il progetto a fasi. In un piccolo appartamento, potrebbe essere vantaggioso completare una stanza alla volta, piuttosto che tentare di lavorare su tutto contemporaneamente. Questo approccio permette di vedere i progressi e di mantenere funzionale una parte dell'abitazione anche durante i lavori.

L'installazione dei mobili e degli elementi fissi è una delle fasi più delicate nei piccoli spazi. Ogni pezzo deve essere posizionato con precisione, rispettando il floorplan definito in precedenza.

L'installazione di elementi fissi come mensole, armadi a muro o sistemi di illuminazione richiede un'attenzione particolare. In spazi piccoli, le pareti spesso svolgono più funzioni e ogni centimetro di altezza può essere sfruttato per lo stoccaggio o per migliorare l'illuminazione. Pertanto, è fondamentale assicurarsi che tutto sia posizionato in modo sicuro e stabile.

L'attuazione di un progetto di interior design in spazi piccoli richiede anche una certa flessibilità. Nonostante la pianificazione dettagliata, possono emergere problemi o opportunità inaspettate durante i lavori. Ad esempio, potrebbe essere necessario adattare un mobile su misura per un angolo difficile o ripensare la disposizione degli arredi in base alle condizioni reali dello spazio.

Questi adattamenti devono essere gestiti con attenzione, assicurandosi che non compromettano l'equilibrio generale del progetto. Inoltre, è importante mantenere una costante attenzione ai dettagli. In spazi piccoli, anche le finiture e i dettagli più minuti, come le maniglie dei mobili, i colori delle pareti o i materiali utilizzati, possono avere un impatto significativo sull'effetto complessivo dell'ambiente.

VIVERE CREATIVAMENTE IN PICCOLI SPAZI

Nelle pagine successive ti offrirò esempi e suggestioni per soluzioni di interior design destinate a piccoli spazi. Le idee presentate hanno lo scopo di ispirare e fornire spunti creativi, ma non intendono sostituire la consulenza professionale o tecnica specifica.

In particolare, nel pianificare e realizzare soluzioni abitative, è fondamentale verificare la correttezza delle configurazioni degli spazi, assicurandosi che siano in linea con le normative edilizie vigenti. Ad esempio, è importante considerare requisiti come le dimensioni minime delle stanze e la presenza obbligatoria di elementi come l'antibagno, laddove richiesto dalla legge. Si consiglia di consultare un architetto, un tecnico specializzato o le autorità locali per assicurarsi che i progetti siano conformi alle normative applicabili.

Monolocali

Arredare un monolocale è una sfida, ma con la giusta pianificazione e alcune strategie di design intelligente, è possibile trasformare uno spazio unico in un ambiente funzionale e accogliente. Il processo potrà rivelare di te molti aspetti che non conoscevi, e addirittura forzarti a liberarti da inutili pesi.

Un monolocale deve fornire una singola stanza di tutte le funzioni di una casa intera: camera da letto, soggiorno, cucina e, di questi tempi, home office. Il compito più arduo è farlo senza implementare troppi arredi o affogare lo spazio.

In un monolocale, è fondamentale definire aree separate per le diverse funzioni senza compromettere la sensazione di apertura. In un monolocale, l'unica stanza effettivamente separata dal resto sarà il bagno. Per quanto riguarda tutte le altre funzioni del tuo ambiente, sta a te separarle effettivamente o concettualmente, tramite colori, carte da parati, mobili.

Più locali

Quando si ha la fortuna di disporre di più stanze, l'organizzazione degli spazi diventa più flessibile, ma non per questo meno importante. Se hai a disposizione una casa con più stanze ma stai leggendo questo libro, significa che – anche con più stanze a disposizione – stai vivendo delle costrizioni. Tendenzialmente le stanze ulteriori saranno adibite a camere da letto e dovrai giocare la partita sugli spazi comuni. In questo senso, un monolocale o un bi o trilocale seguiranno logiche simili: ogni spazio dovrà essere sfruttato al meglio e ogni stanza riuscire a soddisfare più funzioni.

In un appartamento con più locali, è importante creare una connessione fluida tra le stanze, per evitare di generare un senso di isolamento tra gli ambienti. La scelta degli arredi diventa cruciale: devono essere funzionali ma anche proporzionati allo spazio, per mantenere un equilibrio visivo che dia l'impressione di ampiezza e ordine. Utilizzare colori e materiali simili in tutto l'appartamento aiuta a creare un senso di coerenza e armonia, anche tra ambienti destinati a funzioni diverse.

In questo libro non mi sono volutamente concentrata sulle case di ampia dimensione o pensate per famiglie particolarmente numerose, poiché il principio rimane tendenzialmente lo stesso di quello applicato ai piccoli spazi. Quando si tratta del numero di camere da letto, il margine di manovra è ridotto: l'obiettivo è di renderle il più compatte possibile, rispettando le normative e tenendo conto del numero di persone che le utilizzeranno. La vera sfida e il vero valore si trovano nella progettazione degli spazi comuni, dove si cerca di trovare spazio per ciò che conta davvero, per quegli elementi che rendono una casa unica e funzionale.

Balconi e terrazzi

I balconi e le terrazze sono spesso spazi sottovalutati, ma possono diventare vere e proprie estensioni della casa. Anche in contesti urbani, possono trasformarsi in oasi di relax o luoghi funzionali per pranzare all'aperto o coltivare piante. L'arredamento di un balcone o una terrazza dovrebbe essere scelto con la stessa cura riservata agli interni, puntando su mobili resistenti agli agenti atmosferici, ma anche pratici e comodi. Per chi ha uno spazio limitato, arredi pieghevoli o multifunzionali possono ottimizzare l'uso. Sono soprattutto le sedute contenitrici a offrire la tanto celebrata multifunzionalità negli spazi esterni.

Ottimizzare balconi e terrazzi è fondamentale per sfruttare al meglio gli spazi esterni, soprattutto in contesti urbani dove ogni metro quadrato conta. La chiave sta nel bilanciare funzionalità ed estetica, trasformando questi ambienti in estensioni vivibili della casa. Prima di tutto, è importante considerare arredi salvaspazio, come tavolini pieghevoli e sedute contenitore, che possono essere facilmente riposti quando non in uso. L'utilizzo di piante verticali o giardini pensili permette di aggiungere verde senza sacrificare spazio prezioso a terra. Se lo spazio lo consente, creare zone multifunzionali – per esempio, un'area relax che funge anche da angolo pranzo – può ottimizzare l'utilizzo del terrazzo o balcone. Tessili resistenti alle intemperie, come tappeti da esterno e cuscini, possono rendere l'ambiente accogliente e pratico durante tutto l'anno.

Anche l'illuminazione gioca un ruolo essenziale nel creare un'atmosfera piacevole durante le serate: balconi e terrazze sono luoghi dove più che agire ci si rilassa. L'aggiunta di qualche pianta o fioriera e del giusto light design può far agire l'estetica a nostro favore e portare un vero senso di benessere.

L'appartamento di Zelda, un porto sicuro | Monolocale di 28 mq sul mare

Situato nel centro di una grande città a poca distanza dal mare, questo monolocale è un esempio di come ottimizzare uno spazio ridotto per vivere con comfort e obiettivi di utilizzo molto precisi. È anche la dimostrazione che sia possibile creare un luogo confortevole e funzionale anche in 28 mq.

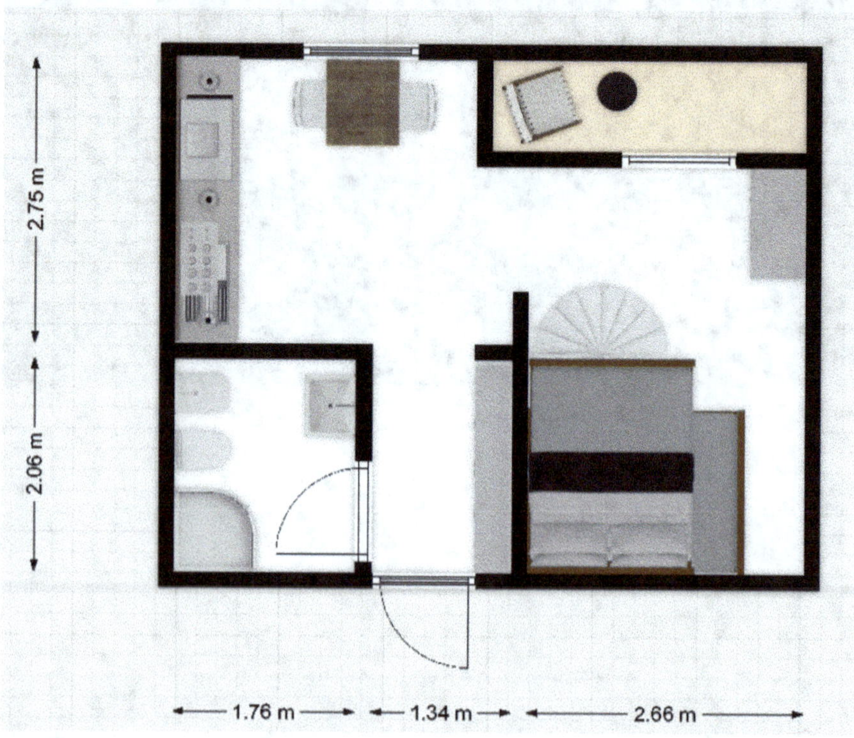

-

Zelda è una giovane e brillante ricercatrice di biologia marina con un cuore vasto come gli oceani che studia. La sua passione per la vita sottomarina l'ha spinta a dedicarsi professionalmente alla sua tutela, alternando l'attività di studio all'università con periodi su navi di ricerca. I viaggi e il tempo trascorso lontano da casa hanno reso Zelda particolarmente attenta alla creazione di uno spazio accogliente e funzionale quando torna a terra. Il suo monolocale, un piccolo appartamento in città, a pochi passi dal mare, è il rifugio che desidera dopo una giornata di esplorazione scientifica. Zelda ama anche cucinare (vegano, con il massimo rispetto per la vita animale) e avere la possibilità di ospitare le persone che le vogliono bene e che vanno a trovarla quando non è al largo.

Entrando nell'appartamento di Zelda, ci si imbatte in un'atmosfera invitante e luminosa: nell'appartamento ci sono una finestra e una porta finestra che lasciano entrare molta luce all'interno. La porta finestra conduce a un delizioso, piccolo terrazzo dal quale si intravede il mare. Le pareti sono dipinte in un azzurro carta da zucchero tenue, che ricorda il cielo sopra l'oceano, o un rilassante grigio-beige.

Tecnicamente un monolocale, l'ambiente di Zelda, inizialmente un unico ambiente, è stato diviso in due zone da un cartongesso lungo due metri, in modo da separare logicamente due zone, quella vicina alla finestra destinata alla cucina e quella di fronte al terrazzo dedicata alla zona living e notte.

Questo supporto verticale aggiuntivo ha il pregio anche di far congegnare una zona ingresso con ampia area di stoccaggio, che Zelda ha realizzato fino al soffitto. È il luogo in cui conserva scarpe, materiale per la pulizia e alcuni documenti. Parte delle ante sono a specchio così da dare più profondità al passaggio e da incrementare la luminosità, sia naturale che artificiale la sera. Le altre alte sono bianche lucide, per massimizzare la luminosità nel luogo più lontano dalla luce naturale.

A sinistra dell'ingresso si trova il bagno. È decisamente piccolo ma funzionale: lavabo e specchio contenitore, doccia in un angolo, wc e bidet. I colori sono verde salvia, tenue e rilassante. Per aggiungere un tocco di lusso, Zelda ha scelto una doccia piastrellata a pioggia, che riempie la stanza di un flusso di acqua calda e rilassante, dando l'impressione di trovarsi in una spa. L'illuminazione è a parete. Un piccolo set di accappatoi e asciugamani sui toni del sabbia, appesi alla porta, forniscono un tocco di conforto dopo una doccia rinfrescante.

Oltrepassando l'ingresso e il bagno, la cucina di Zelda è una vera delizia, nonostante il suo spazio limitato. La cucina è lineare, abbastanza grande da permetterle di sperimentare le sue ricette vegane preferite in comodità. L'elettrodomestico principale è il forno. Un piccolo piano cottura a induzione, dotato di quattro piastre, le permette di preparare senza problemi i suoi piatti preferiti. Zelda ha sufficiente spazio per un frigorifero incassato e un piano di lavoro. La cucina a parete ha abbastanza spazio per una lavastoviglie e una lavatrice di piccole dimensioni. La parte superiore dei pensili è dedicata allo stoccaggio delle pentole e del cibo.

Nella zona living-notte, Zelda è stata obbligata a far convivere l'area notte e l'area living. Per ottimizzare l'uso degli spazi, Zelda ha optato per un letto rialzato, che ha preferito rispetto al divano letto e al letto a scomparsa. In questo modo l'appartamento può arrivare a ospitare comodamente fino a quattro persone, aprendole la possibilità di invitare amici e parenti tutte le volte che vuole. Il letto è rialzato e si trova in un soppalco, dotato di un materasso comodo, che le garantisce un riposo rigenerante.

Nella zona sottostante si trova un divano-letto che, quando aperto, ospita comodamente due adulti. Di fronte al divano-letto è posizionata una TV a muro. Nella zona living c'è spazio anche per un piccolo tavolino. La zona salotto è un luogo accogliente e invitante, dove può rilassarsi e socializzare con i suoi amici e familiari in visita. Un largo televisore è appeso al muro per minimizzare lo spazio.

Verso la porta finestra, un armadio a muro, dotato di scaffali e appendiabiti e con ante a specchio, fornisce abbastanza spazio per i vestiti. Nella stessa zona trova posto anche una piccola libreria, piena di libri di narrativa, saggistica, turismo e cucina. È poco profonda così da non ostruire il passaggio in alcun modo.

Per personalizzare l'ambiente, Zelda ha appeso alcune fotografie incorniciate al muro, che creano un senso di calore e connessione nel salotto. Varie piante grasse, posizionate qua e là, aggiungono un tocco di verde e vita alla casa, rendendola un luogo ideale dove rilassarsi e rigenerarsi dopo una lunga giornata.

Ecco riassunte le principali soluzioni di arredo di Zelda:

Ingresso specchiato: un ingresso con un armadio specchiato ha moltissimi vantaggi: permette di accorpare più funzioni in una e di aumentare la percezione dello spazio, oltre che raddoppiare la luce naturale o artificiale presente nell'ambiente.

Esempio di armadio specchiato per massimizzare la luce e unire due funzioni in una

Zona Letto Soppalcata: Per massimizzare lo spazio a terra, il letto è stato posizionato su un soppalco. Questo crea una zona notte separata dal soggiorno senza compromettere l'area vivibile. Il soppalco è accessibile tramite una scala a chiocciola sottile, che è comoda, si integra bene nell'ambiente e non toglie luce.

Soluzione letto rialzata con divano sottostante e scala a chiocciola.

Divano Letto: Il soggiorno è arredato con un divano letto che può essere facilmente convertito in un letto matrimoniale quando necessario.

Cucina a Parete: La cucina è installata lungo una parete, con elettrodomestici compatti e armadietti a muro. Il tavolo è allungabile da 2 a 8 posti, così da permettere di ospitare occasionalmente più persone. Le sedie sono pieghevoli. Quelle in eccesso sono riposte nell'area di stoccaggio all'entrata.

Libreria sottile: La libreria è profonda solo 20 centimetri per ridurre al minimo lo spazio necessario.

La base di Lucas, l'essenziale proiettato verso la luce | Monolocale di 20 mq in centro città

Questo monolocale è di dimensioni estremamente ridotte e di forma allungata con un'unica finestra posta sul lato corto, presentando un problema a livello di luce e aria. È situato in un quartiere residenziale tranquillo e richiede creatività per sfruttare al massimo l'unica finestra presente. Soluzioni di divisione e ottimizzazione dello spazio possono risolvere il problema e offrire uno spazio piacevole e dinamico.

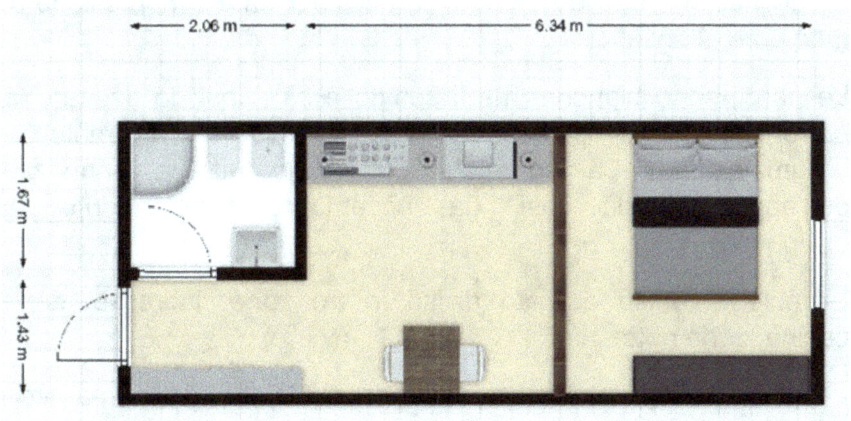

-

Lucas è uno studente di medicina che frequenta l'università in una grande città. È un ragazzo sportivo e passa molto tempo fuori casa per allenarsi e ridurre lo stress con il movimento fisico. Ha molti amici tra i compagni di corso, con i quali, nel tempo libero, trascorre serate nei locali. Lucas ama anche rilassarsi giocando ai videogiochi sulla sua smart TV.

È riuscito a ottenere un piccolo monolocale in una zona commerciale della città. La faticosa vita universitaria e le lunghe ore passate fuori di casa hanno portato Lucas a concentrarsi sul creare, nel suo appartamento, uno spazio funzionale ma soprattutto rilassante e comodo per recuperare energie, fisiche e mentali. Non ha bisogno, al momento, di una zona studio visto che preferisce utilizzare la biblioteca. Pertanto, ha scelto concentrato lo spazio disponibile per ottimizzare la cucina e la zona notte.

Entrando nell'appartamento di Lucas, il bagno si trova sulla sinistra. È essenziale, con doccia, wc, bidet e specchio contenitore, capace di contenere anche la cassetta del pronto soccorso. I colori sono scuri, di carattere, che rendono il piccolo ambiente molto elegante. Le piastrelle di grande dimensione aiutano nel far percepire l'ambiente più ampio di quello che sia. L'illuminazione è a led verso il soffitto, per dare l'impressione di maggiore altezza.

Le pareti sono bianche, ma il soffitto è blu, così da esaltare la profondità dello spazio e dare vivacità all'ambiente. L'illuminazione è a led anche qui, lungo tutta la lunghezza dell'appartamento, così da accentuare ulteriormente la profondità.

L'ambiente unico è stato diviso in tre zone: ingresso, zona cucina, zona notte.

L'ingresso presenta, come per casa di Zelda, una prima area stoccaggio per scarpe, giacche e materiale per la pulizia. Anche qui, un'anta è specchiata, così da offrire uno specchio a figura intera, ideale per un ultimo sguardo prima di uscire.

Oltre l'ingresso, la zona cucina è lineare e piuttosto ampia, comoda per cucinare senza intoppi. Grazie ai suoi circa 3 metri di lunghezza permette di ospitare tutti gli elettrodomestici full-size e anche numerosi accessori. La parte superiore dei pensili è dedicata allo stoccaggio del cibo e dei bicchieri, mentre i pensili bassi le pentole e altri materiali. La zona cucina è abbastanza ampia per ospitare un tavolo allungabile.

Poiché la cucina è lontana dalla finestra, Lucas ha posizionato una libreria bifacciale a ponte per delimitare lo spazio della zona notte senza bloccare aria e luce. Il modello a ponte permette di utilizzare tutto lo spazio possibile. La libreria è molto ampia e ospita tutti i libri di Lucas, oltre ad alcuni oggetti.

Per la zona living-notte, Lucas ha scelto di utilizzare un divano letto. Di giorno, ospita comodamente tre persone; di notte si trasforma in letto matrimoniale (di fatto Lucas lo mantiene quasi sempre in conformazione letto). È la zona più luminosa della casa. Ospita anche un mobile TV, per accogliere tutti i dispositivi legati alle console di gioco, comprensiva anche di un armadio per gli abiti di Lucas. Il divano letto è di ottima qualità e si apre e chiude comodamente, per limitare gli sforzi a Lucas.

Come colori, Lucas ha scelto le totalità di un blu piuttosto acceso per la zona giorno e un marrone, elegante e discreto, per il bagno. La cucina è sui toni del beige, per dare un senso di maggiore leggerezza allo spazio, in piena sintonia con gli altri colori della casa.

-

Se l'impiantistica dell'edificio lo consente, anche una situazione che inverte cucina e area notte è possibile, privilegiando l'esposizione alla luce e all'aria della zona cucina rispetto alla zona notte. Al posto di un tavolo allungabile è ipotizzabile anche un'isola con sgabelli, per un approccio al pranzo o alla cena più rapidi e dinamici, e buona modularità nell'utilizzo. Questo renderà anche non necessaria la libreria a ponte e lascerà spazio per una scrivania retrattile vicino alla finestra, da aprire solo quando in uso e sovrastata da mensole per sfruttare al massimo lo spazio in verticale per il posizionamento dei libri.

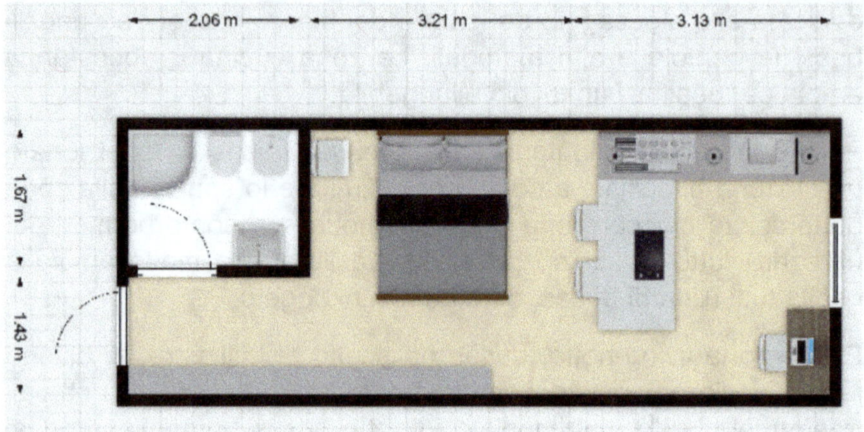

Soluzioni Abitative Creative:

Libreria a ponte: Per separare la zona notte dal soggiorno, è stata utilizzata una parete divisoria che funge anche da libreria bifacciale. Da un lato, ospita libri e oggetti decorativi; dall'altro, agisce come schermo per separare il divano-letto dal resto dello spazio. La soluzione a ponte permette di utilizzare tutto lo spazio disponibile, anche in verticale.

Esempio di libreria bifacciale a ponte, con un varco per il passaggio alle altre aree della casa.

Colore sul soffitto: un soffitto colorato è un buon modo per dare personalità e vivacità all'ambiente e, nel frattempo, accentuare la profondità di uno spazio facendolo sembrare più grande.

Esempio di soffitto colorato per aumentare la percezione della profondità

Console di lavoro: La console è a scomparsa. Quando è chiusa sembra uno specchio, ma basta tirarla che si trasforma in una scrivania per il lavoro. Quando Lucas studia a casa e non in biblioteca, la apre; quando ha finito, chiude tutto. Anche visivamente, sa che può rilassarsi e pensare a prepararsi per uscire o godersi un po' di spazio in più nella zona cucina.

Cucina con Isola: La cucina è piuttosto spaziosa e comprende un'isola con sgabelli alti pieghevoli. Questo permette ulteriore spazio per lo stoccaggio di utensili, cibo ma anche documenti e miscellanee. Inoltre, sostituisce la necessità di avere un tavolo da pranzo/cena. Permette di aggiungere o togliere commensali sulla base della necessità. È la soluzione ideale per chi trascorre molto tempo fuori casa e non abbia la necessità di organizzare regolarmente cene con amici. Questa soluzione è invece ideale per feste: stuzzichini e bevande trovano nell'isola con sgabelli una situazione tipo bar che invita alla convivialità senza richiedere troppo spazio.

Tessa e Diletta, appartamento in condivisione per due sorelle lavoratrici | Bilocale condiviso di 40 mq in città

Questo piccolo bilocale si trova in una zona residenziale di una città. Nonostante le dimensioni non generose, è in grado di ospitare in maniera funzionale e confortevole due sorelle da poco entrate nel mondo del lavoro, garantendo sufficiente privacy e spazi condivisi.

-

Tessa e Diletta sono due sorelle che hanno da poco trovato lavoro in città. I genitori hanno scelto di investire in un bilocale e hanno previsto una ristrutturazione apposita per permettere alle due ragazze di condividere l'appartamento e contenere i costi. Nel definire il layout della casa, hanno posto come requisito quello di avere ciascuna una propria stanza, ma senza rinunciare a una cucina funzionale, in grado di ospitare qualche amico, e un piccolo spazio di condivisione, per trascorrere insieme il tempo dopo il lavoro.

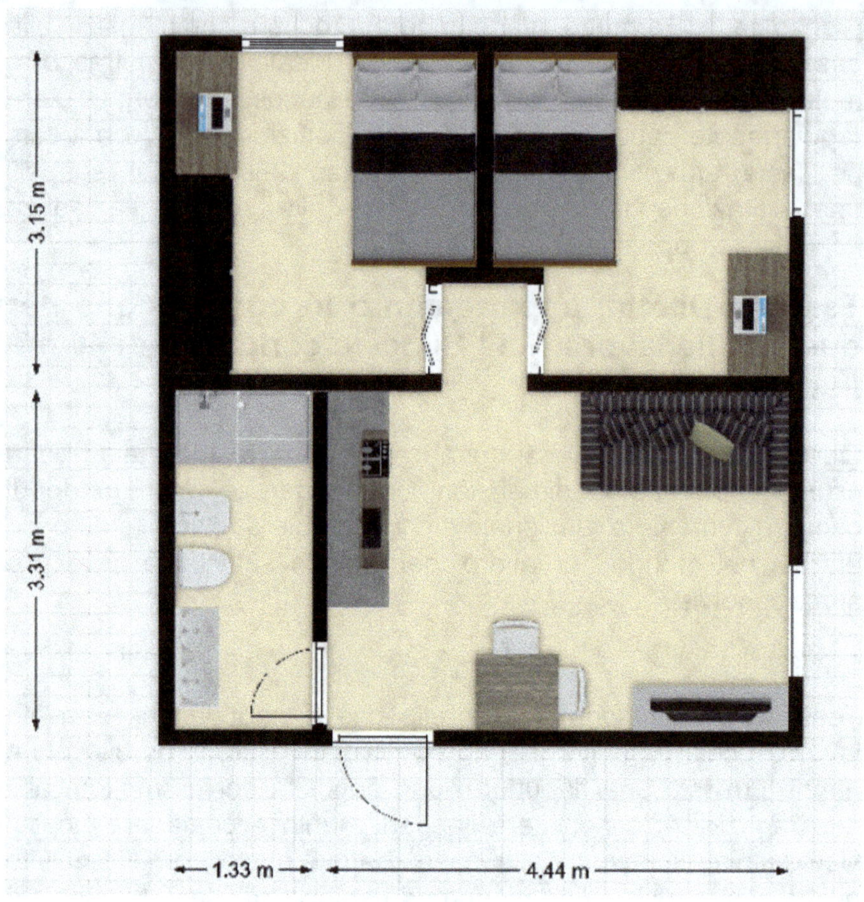

Entrando nella casa, si è immediatamente accolti dalla luminosa zona giorno, dove una delle tre ampie finestre della casa illumina e porta aria in cucina e in salotto. La zona cucina, pur non essendo eccezionalmente spaziosa, è progettata per garantire comodità e funzionalità nella preparazione dei pasti e per ospitare tutti gli elettrodomestici principali. Tuttavia, le due sorelle dovranno compiere delle scelte, sulla base delle loro priorità, rispetto agli oggetti da inserire, poiché questo spazio dovrà anche includere la lavatrice/asciugatrice.

A disposizione delle due sorelle nella zona giorno c'è un tavolo quadrato, allungabile all'occorrenza per accogliere amici o parenti in visita. Nella zona giorno, trovano spazio anche un divano, o divano-letto, e un mobile TV che arriva fino al soffitto, con ampie possibilità di stoccaggio. Questo spazio è pensato per massimizzare la funzionalità senza ingombrare eccessivamente l'ambiente.

L'accesso alle due camere è facilitato da un disimpegno di un metro quadrato, corredato con due porte a libro che minimizzano l'ingombro e creano un senso di spaziosità. In ciascuna delle due stanze, si trovano un letto ampio 120 cm, per garantire il massimo comfort, una scrivania e un armadio specchiato per massimizzare la sensazione di spazio. I letti sono dotati di grandi vani contenitori a sollevamento, che consentono di riporre molti oggetti in modo pratico e discreto.

Il bagno è spazioso, progettato per garantire il massimo comfort alle due sorelle, che potranno usufruirne anche in contemporanea grazie alla presenza di una porta a libro che separa il bagno vero e proprio dall'antibagno. Questo spazio è pensato per offrire privacy e funzionalità allo stesso tempo. La doccia è a tutta parete e offre un piacevole effetto di profondità.

I colori scelti da Tessa e Diletta sono vivaci ed energetici. Il bagno è decorato con tonalità prevalenti in verde petrolio, mentre la zona giorno vede come colore prevalente il corallo . Le due camere sono caratterizzate da toni più chiari, con il giallo ocra per Tessa e il rosa delicato per Diletta. L'appartamento è stato decorato con carta da parati figurativa per dare un tocco speciale di vivacità sia alle camere che alle zone comuni. La zona giorno è anche arredata con alcune piante verdi, che aggiungono un tocco di natura e freschezza all'ambiente.

Nel complesso, la casa è progettata per offrire il massimo comfort e la funzionalità alle due sorelle, con spazi ben distribuiti e arredati con cura e attenzione ai dettagli. La scelta dei colori e degli arredi crea un ambiente accogliente e vivace, che riflette la personalità e il gusto delle due sorelle.

Un esempio di cucina con carta da parati colorata

Un altro esempio di cucina con carta da parati colorata

Soluzioni Abitative Creative utilizzate:

Cucina Compatta con Mini Elettrodomestici: La cucina è progettata in una parete non particolarmente generosa dell'appartamento ma permette di ospitare quasi tutti gli elettrodomestici necessari, in dimensione piena o ridotta.

Letti contenitori: i letti offrono ampio spazio di stoccaggio al loro interno. Si sollevano da un lato con un meccanismo a molla o elettrico per rivelare prezioso spazio da utilizzare per coperte, cuscini, scarpe e molto altro.

Esempio di divano con stoccaggio incorporato. L'alternativa ai cassetti è il meccanismo a pistoni che permette di sollevare il letto da un lato e accedere a un'ampia zona stoccaggio unica sotto il letto.

Armadio a ponte: un armadio a ponte sfrutta tutto lo spazio in altezza e larghezza per assicurare un'area di stoccaggio sopra e intorno alle scrivanie e ai letti.

Armadio a ponte sopra scrivania. Lo stesso sistema può essere applicato a letti e divani e può essere utilizzato anche in forma angolare.

Divano con Spazio di Stoccaggio: Il divano è dotato di cassetti sotto il sedile per riporre coperte, cuscini e altri oggetti. Questo riduce la necessità di ulteriori mobili per stoccaggio e aiuta a mantenere lo spazio ordinato.

Tavolo da Pranzo Allungabile: Un tavolo da pranzo allungabile è estensibile in caso di cene o pranzi con amici.

Il nido di Mara, creatività abitativa controcorrente | monolocale di 25 mq

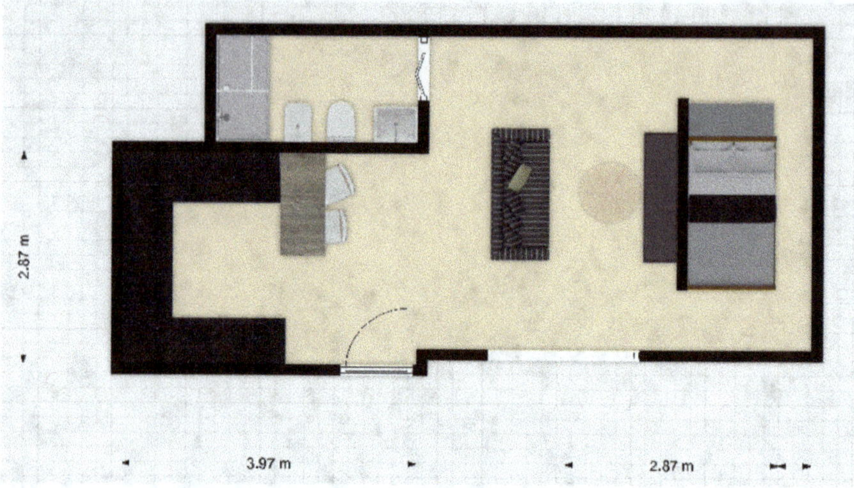

Questo piccolo monolocale in città, di soli 25 mq, ha un'unica finestra che interessa la zona living. Nonostante le dimensioni ridotte può ospitare con più di una conformazione una giovane professionista, permettendo anche di soddisfare priorità piuttosto precise.

-

Mara è una professionista di comunicazione. L'appartamento di città che ha appena acquistato è di forma rettangolare e dispone di un'unica finestra. Mara ha espresso come priorità la separazione netta tra zona living e cucina, volendo isolare l'area dedicata alla preparazione del cibo da quella relax. Rispetto a una divisione più classica degli spazi che vedrebbe la zona notte alla sinistra dell'ingresso e il resto dello spazio dedicato alla zona giorno, Mara ha optato per una separazione diversa.

Entrando nella casa, si è immediatamente accolti dalla cucina, illuminata prevalentemente da luce artificiale. Mara non ama particolarmente cucinare, a pranzo è molto spesso fuori casa. Il pasto che consuma prevalentemente a casa è la cena, quando già la giornata volge al termine e la luce naturale è per lo più assente. Ha quindi scelto di dedicare alla cucina una zona confinata della casa, in modo tale che la cucina fosse non invasiva, concentrando gli sforzi sul resto dello spazio dedicato al relax e al sonno. Ha scelto una disposizione funzionale, in grado di accogliere tutti gli elettrodomestici principali ma ha deciso di non avere un vero e proprio tavolo, bensì di utilizzare un aggetto del piano di lavoro con due sgabelli per consumare il pasto.

Proseguendo nella zona giorno, qui Mara ha messo in campo una soluzione creativa per poter far convivere la zona notte con quella living e sfruttare luce e aria della grande finestra del suo appartamento: una parete a mezza altezza di cartongesso permette, in uno spazio limitato, di nascondere un letto e un armadio (che funge anche da testiera del letto). Il resto della stanza ospita un divano, un tavolo e il mobile TV, punto focale della casa.

Il bagno è abbastanza spazioso anche se non abbastanza per ospitare una lavasciuga che si trova, infatti, in cucina.

I colori scelti da Mara sono allegri: giallo in palette con grigio e nero, per combinare uno stile industriale con i concetti di eleganza ed energia.

Nel complesso, la casa offre funzionalità e creatività, restituendo un feeling di loft a uno spazio che – con scelte di arredo diverse – lo avrebbe perso.

-

L'alternativa più classica è quella che vede la combinazione della zona cucina e della zona living, con il posizionamento nella zona notte a sinistra dell'ingresso.

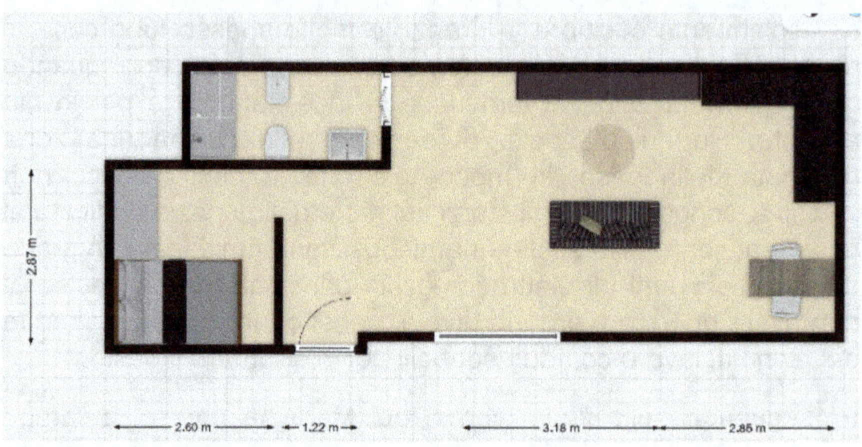

Soluzioni Abitative Creative utilizzate:

Cucina Bi-angolare con Aggetto e Lavasciuga: La cucina è progettata su tre lati di una parete e utilizza un aggetto del piano di lavoro per ospitare due sgabelli e permettere di consumare i pasti, oltre che una lavasciuga.

Parete divisoria a mezza altezza: la parete divisoria permette di conservare la sensazione di spazio unico, guadagnando una zona letto in piena privacy.

Letto sopraelevato: l'opzione di sopraelevare questa zona letto permette di ricavare utile spazio di stoccaggio.

Divano con Spazio di Stoccaggio: Il divano è dotato di cassetti sotto il sedile per riporre coperte, cuscini e altri oggetti. Questo riduce la necessità di ulteriori mobili per stoccaggio e aiuta a mantenere lo spazio ordinato.

Clara e Paolo, una vita insieme | Monolocale di 38 mq

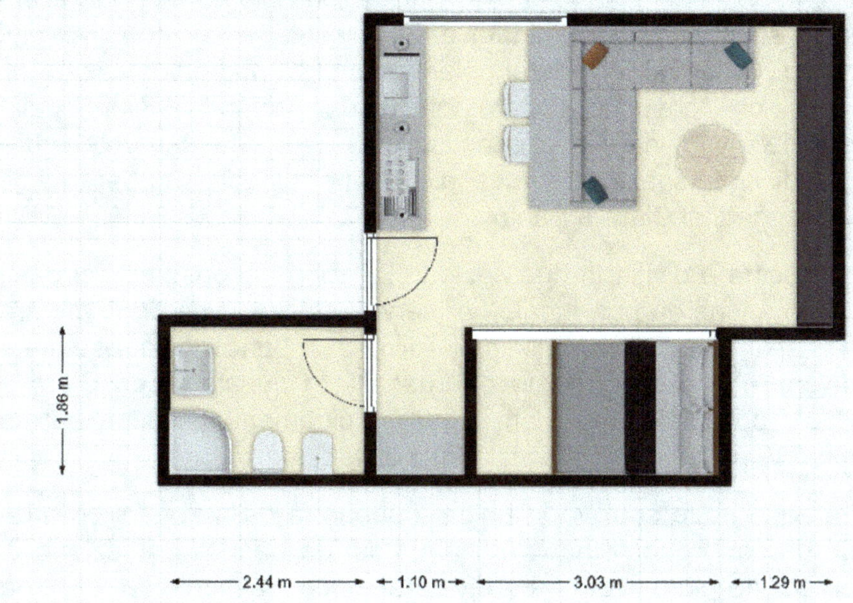

Questo monolocale dalle dimensioni ridotte, di soli 38 mq, corredato di un'unica finestra, può sfruttare la particolare conformazione dello spazio per rispondere bene alle esigenze di una giovane coppia e offrire più di una soluzione sulla base delle priorità.

-

Clara e Paolo è una giovane coppia lavoratrice che trascorre la maggior parte del tempo fuori casa. Entrambi svolgono lavori impegnativi e desiderano utilizzare la propria casa come luogo di riposo e relax. La cucina non riveste grade importanza nelle loro vite e il consumo dei pasti è per loro un momento che deve essere rapido per poi passare a un'agognata fase di relax davanti alla TV. Sono stati disposti a rinunciare a un'ampia zona notte a favore della zona relax, che però hanno voluto fosse in grado di ospitare varie persone e fosse posta in relazione con la cucina in modo da favorire un'atmosfera di festa.

Entrando nella casa, ci si trova nella zona giorno, con la cucina sulla sinistra, ben illuminata dalla finestra, e la zona living di fronte. Un ampio divano angolare accoglie i padroni di casa e gli ospiti, che possono godere tutti di una comoda visione della grande TV. Il mobile che accoglie la TV, a tutta parete, offre grandissimo spazio di stoccaggio, sia per gli abiti che per tutti gli altri oggetti di Clara e Paolo.

La cucina è divisa in due sezioni. La zona di consumo dei pasti funge anche da bar, ideale per servire stuzzichini e drink mentre gli ospiti sono seduti sull'ampio divano. Il bancone retrostante il divano è alto e corredato da sgabelli. In questo modo Clara e Paolo possono consumare i pasti rapidamente, con un occhio alla TV, nelle immediate vicinanze della zona cottura.

La zona notte si trova in un'area separata dalla zona giorno da un divisorio geometrico verticale, così da dare la percezione di un soffitto più elevato e da dividere concettualmente le due aree senza chiudere la zona letto in maniera claustrofobica. Il risultato è visivamente appagante e anche funzionale.

Il bagno è separato dalla zona giorno da un disimpegno che ospita un grande armadio.

Clara e Paolo hanno scelto colori tenui e chiari per massimizzare il senso di leggerezza e hanno privilegiato l'uso del legno chiaro. Questo materiale si adatta in particolare alla zona letto, conferendo un senso di leggerezza, armonia e un pizzico di spiritualità all'abitazione.

-

Un'altra possibilità per la disposizione dello spazio nella casa di Clara e Paolo è quelle di inserire un tavolo classico, rotondo o quadrato, allungabile così da godere di maggior comodità nel quotidiano e poter ospitare amici o familiari. Questa scelta impone di ruotare il divano di 90 gradi e occupare interamente la zona destra della casa, riducendo lo spazio a disposizione degli abiti.

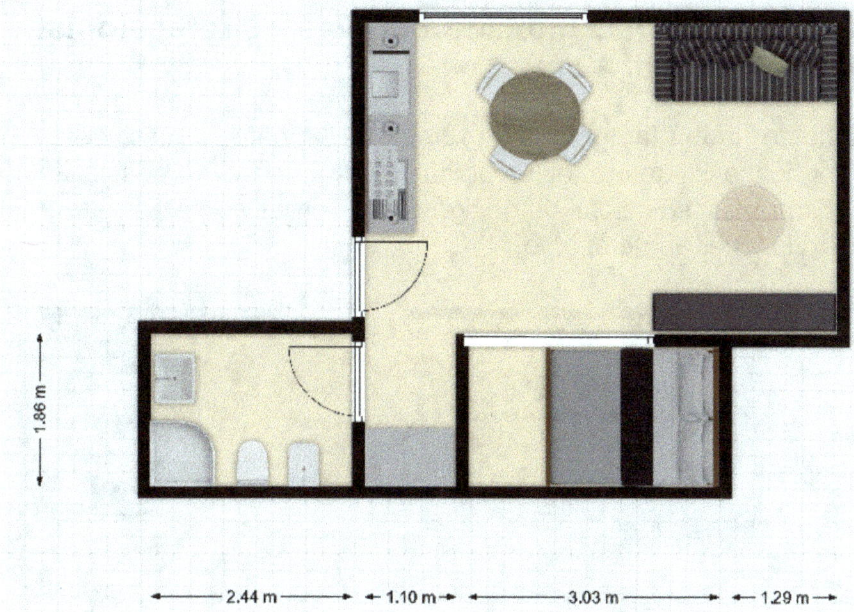

Layout alternativo

Soluzioni Abitative Creative utilizzate:

Bancone cucina con sgabelli: Oltre che utile per un rapido e funzionale consumo dei pasti, un bancone sopraelevato funge da bar in occasione di feste, mettendo in relazione la zona living con la cucina.

Zona letto separata da divisorio: un divisorio con pattern geometrico conferisce verticalità all'ambiente e non ostacola il passaggio di luce e area alla zona letto, portando al tempo stesso un elemento visivamente intrigante nell'ambiente.

Disimpegno con armadio: è utile inserire armadi nelle zone di passaggio, così da ottenere spazio di archiviazione aggiuntiva.

Diego e Sasha, giovane coppia di professionisti | Monolocale di 42 mq

Questo appartamento di 42mq, sviluppato interamente in lunghezza e dotato di un'unica finestra, offre la possibilità di incorporare soluzioni di design molto creative per sfruttare al meglio luce, aria e spazio.

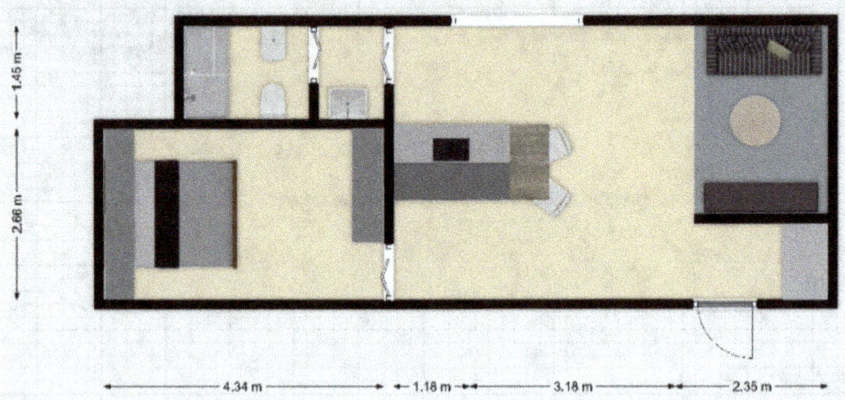

-

Diego e Sasha sono una coppia di professionisti. Nel disegnare gli spazi della propria casa, hanno messo al primo posto la spaziosità della camera da letto. Il letto è sovrastato da un armadio a ponte e corredato di un ulteriore armadio con ante specchiate. Questo conferisce la massima spaziosità alla camera e offre grandi spazi di stoccaggio di vestiti e scarpe. La stanza da letto è un rifugio confortevole e spazioso, il luogo ideale dove recuperare le energie.

L'ingresso alla casa è riservato: non offre visibilità diretta al resto della casa, cosa che Diego e Sasha hanno voluto fortemente. In concomitanza dell'ingresso si trova un terzo armadio che ospita altri oggetti utili alla casa.

La zona cucina occupa in maniera dinamica il centro della casa. Amando Diego e Sasha cucinare, la cucina è il cuore della casa. Hanno scelto uno sviluppo frontale così da poter facilitare l'utilizzo in contemporanea dei due inquilini. Il consumo dei pasti avviene su un tavolo (o bancone) normalmente predisposto per due persone ma allungabile per poter ospitare fino a sei persone contemporaneamente.

La zona TV relax è incorporata in una struttura sopraelevata e colorata in blu notte, per offrire concettualmente una separazione con la zona cucina e offrire ulteriore spazio di stoccaggio nell'area sottostante. Visivamente molto interessante, offre varietà e intrigo a un appartamento già molto creativo.

Il bagno, separato dalla zona giorno da un antibagno, permette un uso facilitato da parte di due persone e consente un'ottimizzazione degli spazi.

I colori scelti da Diego e Sasha sono il bianco, il grigio scuro e il verde petrolio, per alternare a toni industriali un tocco elettrizzante.

Soluzioni Abitative Creative utilizzate:

Cucina frontale: Oltre che permettere un'estensione più ampia rispetto a uno sviluppo a parete, consente l'utilizzo da parte di due persone contemporaneamente, senza intralci.

Tavolo rettangolare allungabile: Un tavolo rettangolare allungabile nel senso della larghezza permette di ampliare il numero degli ospiti mantenendo il lato lungo appoggiato al muro o, in questo caso, alla cucina.

Zona TV sopraelevata e colorata: Una zona relax, ma anche zona letto o zona pranzo, incorporata in una struttura a baldacchino, sopraelevata e incorporata, ha il pregio di separarsi concettualmente e in modo visivamente interessante dal resto della casa, offrendo anche uno spazio di archiviazione.

Armadio a ponte: Un armadio a ponte sopra il letto sfrutta al massimo lo spazio verticale e orizzontale di una stanza per offrire luoghi di archiviazione e stoccaggio ben organizzati.

Esempio di divano posizionato in una nicchia rialzata, con spazio di archiviazione sottostante.

La famiglia Nari, tre figli e molti amici | Trilocale di 60 mq

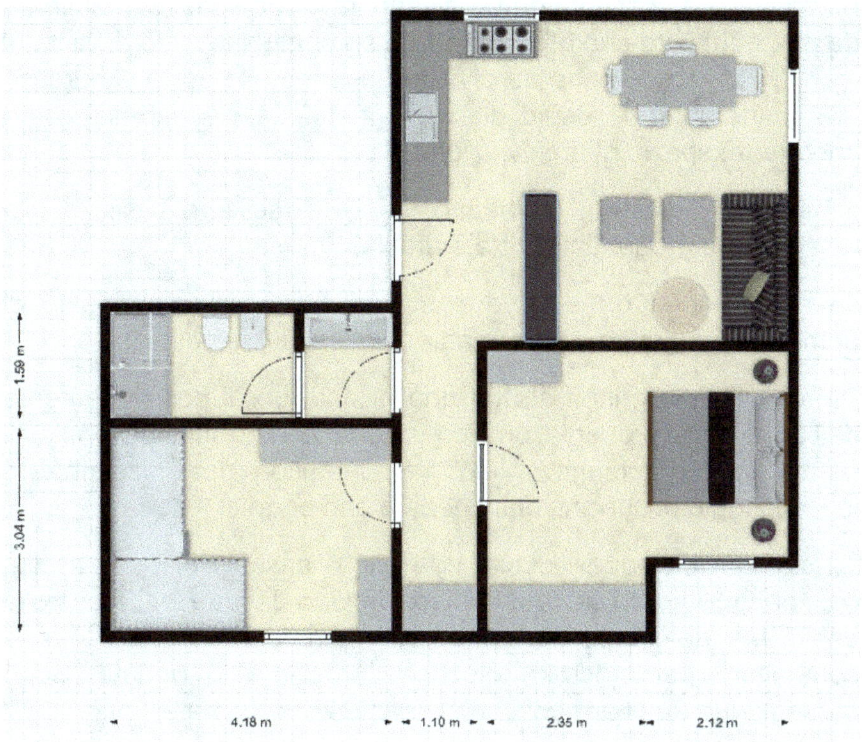

Un appartamento da 60mq con due camere da letto è un alloggio capace di ospitare in maniera ottimizzata un'intera famiglia che ama ospitare familiari e amici spesso in visita. Ciò è possibile grazie a una buona pianificazione degli spazi che lascia posto per una zona giorno ampia e confortevole e una divisione della zona notte in due ampie zone modulari.

La famiglia Nari ha impostato la divisione degli spazi della propria casa così da renderla la più spaziosa possibile, scegliendo di avere due sole camere da letto, una per i genitori e una per i tre figli. Ha inoltre scelto un layout che permettesse di ospitare familiari e amici in visita senza difficoltà.

L'ingresso introduce alla zona living, dove una cucina angolare, necessariamente ampia, si affianca a una zona pranzo con tavolo rettangolare e allungabile, così da poter ospitare persone aggiuntive.

La zona TV è costituita da un divano letto con spazi contenitori e da due pouf letto che offrono sedute aggiuntive in caso di visita. Il mobile TV funge anche da divisorio rispetto alla porta d'ingresso all'appartamento e ospita libri e oggetti. La parte bassa offre importante spazio di archiviazione.

Il bagno è dotato di antibagno, così da facilitare l'utilizzo alla famiglia numerosa. La doccia è ampia.

Il corridoio che dà sulle due stanze offre ulteriore spazio di archiviazione grazie a un armadio posto alla fine dello stesso.

La stanza dei genitori sfrutta una nicchia per il posizionamento dell'armadio e presenta una console-letto che offre un posto di pernottamento aggiuntivo. Il letto è contenitore per massimizzare lo stoccaggio di cuscini, biancheria e altri oggetti.

La stanza dei ragazzi ospita due letti a castello disposti a elle, così da facilitare la salita e la discesa. Uno dei due letti a castello ospita un terzo letto a scomparsa; l'altro offre un ampio vano contenitore per stoccare giochi, scarpe e altri oggetti. Sono presenti due ampi armadi con cassettiere incorporate.

In quanto ai colori, la famiglia Nari ha scelto colori neutri, ravvivati dalla vivacità degli arredi.

Come si intuisce, la soluzione trovata dalla famiglia Nardi permette una vita funzionale e spaziosa e la possibilità di ampliare modularmente la capacità abitativa della casa assicurando pieno comfort a tutti.

Soluzioni Abitative Creative utilizzate:

Doppio letto a castello: Un doppio letto a castello a elle massimizza il numero degli ospiti possibili nella stanza, offrendo posti letto ulteriori in caso di visite grazie alla soluzione a scomparsa.

Pouf-letto: Il pouf-letto permette di ospitare persone a dormire senza intaccare minimamente lo spazio disponibile in casa.

Console-letto: Una console letto occupa poco spazio e fornisce la stanza di un posto letto ulteriore.

Mobile TV divisorio: Incorporare una TV in un elemento divisorio permette di separare gli spazi con una soluzione multifunzionale.

CONCLUSIONE

Il futuro dell'interior design per gli spazi piccoli si muove sempre più verso soluzioni intelligenti, modulari e flessibili, capaci di adattarsi alle esigenze in continua evoluzione delle persone. La tecnologia e l'innovazione stanno offrendo nuove possibilità per massimizzare ogni centimetro, ma il vero obiettivo resta invariato: creare ambienti che non siano solo funzionali, ma che trasmettano benessere.

In uno spazio piccolo, ogni scelta conta, e ciò che fa davvero la differenza è la capacità di trasformare una casa in un luogo in cui si sta bene, dove ci si sente a proprio agio e dove ogni elemento è pensato per migliorare la qualità della vita.

Vivere bene in uno spazio ridotto non è solo una questione di design, ma di equilibrio tra praticità e piacere, tra ciò che serve e ciò che ci rende felici.

GRANDI IDEE PER PICCOLI SPAZI